Anja Stiller

Wege ins Glück

Strategien für Zufriedenheit und Ausgeglichenheit

W0199441

mvgminis

Bibliografische Information der Deutschen Nationalbibliothek:
Die Deutsche Nationalbibliothek verzeichnet diese Publikation in der Deutschen Nationalbibliografie; detaillierte bibliografische Daten sind im Internet über http://d-nb.de abrufbar.

Für Fragen und Anregungen:
mvgminis@mvg-verlag.de

1. Auflage 2015
© 2015 by mvg Verlag, ein Imprint der Münchner Verlagsgruppe GmbH,
Nymphenburger Straße 86
D-80636 München
Tel.: 089 651285-0
Fax: 089 652096

Alle Rechte, insbesondere das Recht der Vervielfältigung und Verbreitung sowie der Übersetzung, vorbehalten. Kein Teil des Werkes darf in irgendeiner Form (durch Fotokopie, Mikrofilm oder ein anderes Verfahren) ohne schriftliche Genehmigung des Verlages reproduziert oder unter Verwendung elektronischer Systeme gespeichert, verarbeitet, vervielfältigt oder verbreitet werden.

Redaktion: Nicole Luzar
Umschlaggestaltung: Julia Jund, München
Umschlagabbildung: iStockphoto
Satz: Daniel Förster, Belgern
Druck: CPI books GmbH, Leck
Printed in Germany

ISBN Print 978-3-86882-606-7
ISBN E-Book (PDF) 978-3-86415-814-8
ISBN E-Book (EPUB, Mobi) 978-3-86415-813-1

Weitere Informationen zum Verlag finden Sie unter

www.mvg-verlag.de

Beachten Sie auch unsere weiteren Verlage unter
www.muenchner-verlagsgruppe.de

Wege ins Glück

Inhalt

Vorwort –

Was Glück ist und wo man es finden kann

Sie haben sich einen Ratgeber zum Thema Glück gekauft. Weil Sie denken, dass ein bisschen mehr Glück nicht schaden könnte?
Aber wissen Sie eigentlich, was »Glück« genau ist?
Und haben Sie eine ungefähre Vorstellung davon, wie sich dieses Glück, das Sie momentan vielleicht noch gar nicht klar definiert haben, überhaupt finden lässt?
Kommt das Glück über uns, wenn wir nur ganz intensiv daran glauben, also als eine Art Geschenk von irgendwoher? Oder müssen wir etwas dafür tun? Und wenn ja, was?
Antworten auf diese und noch einige andere Fragen finden Sie in diesem Buch. Wir …

… führen Sie ein in die Wissenschaft vom Glück.
… zeigen Ihnen einige der besten Strategien für mehr Glück.
… lassen Sie teilhaben an den Weisheiten derjenigen, die sich lange vor uns Gedanken über das Glück gemacht haben.

Wenn Sie jetzt irritiert sein sollten über die Verbindung von »Wissenschaft« und »Glück«: Doch, die gibt es. Es gibt sogar eine »Glücksforschung«. Sie ist die Domäne von Psychologen, Neurobiologen und sogar Ökonomen. Allerdings haben all diese Wissenschaftler keine schnellen Rezepte parat, ihre Forschungsergebnisse laufen vielmehr zusammen in der simplen Aussage, dass wir für unser Glücksempfinden etwas tun müssen. Und das erfordert ein wenig Zeit und Geduld. Aber es funktioniert. Wie, das erfahren Sie in diesem Buch.

Wir wünschen Ihnen viel Spaß und gutes Gelingen.

Einleitung –
Von der Bedeutung des Glücks

Glücklich zu sein kann man lernen. Das haben wir zumindest im Vorwort behauptet.

Kann man das aber wirklich? Ist es nicht eher so, dass die einen viel und die anderen eben wenig Glück haben? Einfach so? Ja und nein. Ja, wenn Sie das sogenannte Zufallsglück meinen, nein, wenn Sie Glück als eine Art grundsätzliche Zufriedenheit definieren. Denn es gibt nicht nur eine Sorte von Glück. Aber davon später mehr. Für den Anfang genügt erst einmal diese simple Behauptung: Ja, man kann lernen, glücklich zu sein. Oder zumindest glücklicher.

Seit dem Jahr 2007 wird Glück sogar als Unterrichtsfach angeboten. Die Initialzündung dazu kam in Deutschland von der Heidelberger Willy-Hellpach-Schule. Direktor Ernst Fritz-Schubert hatte nach einem Ansatz gesucht, »Kinder stark zu machen«. Denn »glückliche Schüler streiten weniger, sind kreativer, lernen leichter und wissen, worauf es im Leben wirklich ankommt«, so erklärt er in einem Interview mit der österreichischen Tageszeitung »Der Standard«.

Glück im Unterricht? Ist das nicht fast so etwas wie Stricken oder kreatives Diskutieren, ob wir nun heute zu den Hausaufgaben Lust haben oder lieber nicht? Nein, meint Fritz-Schubert: »Je früher wir anfangen, die Persönlichkeit durch Vermittlung von positiven Haltungen und Einstellungen zu stärken, desto größer ist die Chance, das von der Weltgesundheitsorganisation WHO für alle Menschen geforderte körperliche, seelische und soziale Wohlbefinden zu erlangen.«

Schüler darin zu unterrichten, wie sie glücklich werden, ist also durchaus eine sinnvolle Investition in die Zukunft. Mittlerweile haben in Deutschland mehr als zwanzig Schulen das Fach »Glück« in ihr Unterrichtskonzept aufgenommen, in Österreich sind es sogar noch mehr.

> **Zitat**
>
> *Glücklich ist nicht, wer anderen so vorkommt, sondern wer sich selbst dafür hält.*
>
> Seneca

Und die Erwachsenen? Die wünschen sich auch Unterricht oder wenigstens Nachhilfe in Fragen des Glücks!

Da wir aber nicht mehr in die Schule gehen, müssen wir uns unseren Unterricht selbst organisieren. Sehen Sie dieses Buch also einfach als einen Schritt in die richtige Richtung an. In eine, die längst überfällig war in einer Gesellschaft, die den Blick nur zu gerne auf das richtet, was eben nicht gut läuft.

Sehen Sie fern? Lesen Sie Zeitung? Oder Nachrichten über Internet-Portale? Dann wissen Sie sicher schon, worum es geht: Vor allem die schlechten Nachrichten sind gute Nachrichten. Vielleicht, weil sie spannend sind, vielleicht auch, weil es uns irgendwie doch ganz gut gefällt zu erfahren, dass es anderen noch schlechter geht als uns selbst. Oder zumindest auch nicht besser.

Niemand will hier dem kritischen Journalismus seine Berechtigung absprechen. Aber: Indem wir uns gegenseitig erzählen, wo alles schlecht ist und immer noch schlechter wird, verbessern wir nichts. Wir bestätigen einander nur in unserer Frustration. Das ist die berühmte Abwärtsspirale. Glücklich zu sein lernt man dadurch nicht. Denn dafür ist etwas ganz anderes wichtig: diese Spirale zu verlassen.

Diese Erkenntnis ist mehr als das diffuse Gefühl, irgendwie müsste sich doch da mal einiges ändern. Sie ist bereits eine eigene Wissenschaft geworden, die den schönen Namen »Glücksforschung« trägt. Was das bedeutet, welche Erkenntnisse diese Wissenschaft zutage fördert und vor allem wie Sie ganz persönlich diese Forschungsergebnisse für sich nutzen können, das erfahren Sie in unserem kleinen Ratgeber.

Eines aber können wir Ihnen nicht anbieten: das Konzept »Glücklich werden in zwei Tagen«. Das geht ganz einfach nicht. Sagt die Wissenschaft.

Denn Sie haben vermutlich viele Jahre lang »geübt«, frustriert zu sein. Über das Wetter, über die immer schlechteren Sozialleistungen, über die steigenden Lebensmittelpreise und darüber, dass Ihre Nachbarin viel schönere Blumen im Garten hat als Sie. Oder ihren Garten gar nicht pflegt. Oder viel zu viel Zeit in ihrem Garten verbringt, während andere Leute in der Zeit zur Arbeit gehen müssen …

Und doch: Die eigene Wahrnehmung kann man beeinflussen. Man kann sich aussuchen, was man wie wahrnehmen möchte, und das dann üben. So wie lateinische Vokabeln oder das Einmaleins. Nur, von lateinischen Vokabeln und dem Einmaleins profitiert man wenigstens ab und zu. Vom Frust nicht.

Deshalb ist es also zunächst notwendig, das Unzufriedensein zu verlernen. Und das kann ein bisschen dauern.

Aber Hauptsache, Sie fangen an. Am besten jetzt gleich.

Kapitel 1 – Glück. Ganz allgemein

Das Wort Glück

Fangen wir mit dem Sprachlichen an: Der Ursprung des Wortes »Glück« liegt im Dunkeln. Im Mittelalter meint das »gelücke« vor allem etwas, das man mit Erfolg abgeschlossen hat.

Die Bedeutung in unserem heutigen Sinn hat das »Glück« erst später bekommen. Aber was meinen wir damit eigentlich?

»Glück« wird in ganz verschiedener Weise verstanden: Man kann Glück haben, Glück empfinden. Und »Glück« wird in vielen Varianten verwendet: Etwas kann »glücksbringend« sein, jemand ist »glücklich«, ein »Glücksritter» ist jemand, der dem Glück nachjagt, ein »Glücksbringer» soll dem Glück etwas nachhelfen. Vom »Glücksspiel« wird eher abgeraten, der »Glücksgriff« war gar nicht unbedingt geplant. Die Reihe wäre noch lange fortzusetzen.

Was ist Glück?

»Glück kann man nicht erwerben, man kann es nur haben.« Das ist einer der Glaubenssätze, die sich hartnäckig halten. Aber stimmt das so?

Ja und nein.

Wenn Sie zu den Menschen gehören, die meinen, zu seinem Glück könne man nichts beitragen – man hat es oder man hat es eben nicht –, dann sind Sie mit diesem Buch völlig falsch beraten. Denn hier geht es ja gerade um die Frage, was wir machen können, um unser Glück zu steigern.

Aber zu den Menschen gehören Sie vermutlich nicht. Darum machen wir also weiter.

Denn bei der Überlegung, ob man Glück nun »hat« oder nicht, geht es um nichts anderes als um die Definition von Glück. Noch einmal der Sprachgebrauch: Man kann

- Glück haben oder
- Glück empfinden.

Genau. Darum geht es: um den Unterschied zwischen den verschiedenen Formen des Glücks.

Denn Glück zu »haben« bezieht sich auf das sogenannte Zufallsglück. Das ist der berühmte Lottogewinn. Das Glück beim Glücksspiel. Aber auch das weniger rühmliche Glück, dass das Dach des Nachbarn eingestürzt ist und nicht das unseres eigenen Hauses.

Dieses Glück kann man nicht bemühen, man kann es nur haben. Sicher, man kann Lottoscheine ausfüllen. Oder ins Kasino gehen. Aber ob sich dadurch das gewünschte Glück wirklich einstellt, ist nicht sicher.

Info

Wenn Sie zwar schon seit Jahren Lotto spielen, aber noch nie gewonnen haben, trösten Sie sich: Untersuchungen haben ergeben, dass Lottogewinner spätestens zwei Jahre nach ihrem Gewinn wieder genauso zufrieden oder unzufrieden sind wie vorher. Zufallsglück hält selten lange vor.

Möglich, dass wir nach zwanzig Jahren Lottospiel ziemlich viel Geld ausgegeben haben, für das wir besser ins Theater gegangen wären. Da wären wahrscheinlich auf die Jahre gerechnet sogar mehrere Abos drin gewesen. Oder wir wären öfter mal schick Essen gegangen oder in den Urlaub gefahren.

Viel besser ist es, Glück zu »empfinden«. Auch hier gibt es wiederum zwei Formen des Glücks:

- das Glück des Augenblicks
- dauerhaftes Glück

Momentanes Glück empfinden wir, wenn wir etwas besonders Leckeres essen, am Abend mit Freunden zusammensitzen, wir empfinden es beim Sex oder wenn wir uns ein Wellness-Wochenende gönnen.

Und dauerhaftes Glück? Es ist nichts Momentanes, nichts Schnelles, das gleich wieder vorbeigeht. An dauerhaftes Glück denken wir übrigens am wenigsten, wenn wir den Begriff »Glück« definieren sollen.

Dabei ist es die wichtigste Form des Glücks! Vielleicht sollte man eher von einer »grundsätzlichen Zufriedenheit« sprechen.

Und hier kommt gleich ein weiterer, sehr wichtiger Aspekt mit ins Spiel: Diese grundsätzliche Zufriedenheit bezieht

Info

»Wer nicht unglücklich ist, der ist glücklich.« Stimmt das?

Nein. Denn das Fehlen des Unglücks bedeutet nicht Glück sondern eine Art »Neutralität«. Eben weder Glück noch Unglück. Insofern sind die beiden auch keine Gegensatzpaare. Das tatsächliche Gegenteil von Glück ist die Depression. Wer depressiv ist, kann dem Leben kaum noch Freude abgewinnen.

auch die weniger schönen Momente im Leben mit ein. Diese Art von Glück umfasst das Ganze: das Leben in seiner Gesamtheit. Ist es insgesamt eher schön oder eher miserabel? Trotz aller Fehlschläge? Trotz der Verluste? Obwohl um uns herum alle anderen in größeren Häusern wohnen? Die größeren Autos fahren?

> **Zitat**
>
> *»Zufriedenheit ist der Stein der Weisen, der alles in Gold verwandelt, das er berührt.«*
>
> BENJAMIN FRANKLIN

Ist unser Leben nicht trotzdem schön? Weil wir nämlich in dem kleinen Haus genug Platz haben und weil wir es uns schön eingerichtet haben. Weil uns das kleine Auto genauso von einem Ort zum anderen bringt.

Das ist mit »Grundzufriedenheit« gemeint. Und auf diese Art von Glück können wir sehr wohl Einfluss nehmen.

Der Lottogewinn ist ebenso unwahrscheinlich, wie er von uns steuerbar ist, beim Glücksspiel verliert man eher, als dass man gewinnt. Mit anderen Worten: Wer auf das Zufallsglück hofft, der kann tatsächlich sein Leben lang enttäuscht werden. Und, wir hatten es weiter oben bereits gesagt, Zufallsglück ist weiter nichts als ein kleiner Glückskick, nachhaltig ist es meist nicht.

> **Zitat**
>
> *»Wem genug zu wenig ist, dem ist nichts genug.«*
>
> EPIKUR

Einzige Ausnahme: Eine materielle Grundsicherung muss gegeben sein. Wer die nicht hat, für den kann ein Lottogewinn tatsächlich eine deutliche Verbesserung bedeuten, vielleicht sogar das große Glück. Denn er bedeutet materielle Sicherheit. Vorausgesetzt, der Gewinner geht verantwortungsvoll mit dem Geld um. Und vorausgesetzt, er oder sie begreift, dass dieses Geld nicht alles ist, was das Glück ausmacht.

Aber darauf kommen wir später noch ausführlicher zurück. Momentan genügt es, wenn wir den Unterschied festhalten zwischen zufälligem und dauerhaft empfundenem Glück.

Und noch einmal zur Wiederholung unsere Quiz-Frage

?! Quiz

Glück ist ...

a. **... das zu haben, was man will.**
b. **... das zu wollen, was man hat.**
c. **beides**

Haben Sie auf Antwort b getippt? Weil sie so schön »weise« klingt? Aber Antwort c) ist die richtige. Denn tatsächlich scheint beides das Lebensglück auszumachen. Zu diesem Fazit kommen zumindest US-Psychologen in zwei Studien. Insgesamt mussten mehr als 240 Versuchsteilnehmer in Fragebögen angeben, wie zufrieden sie mit ihrem Leben sind. Außerdem mussten sie eine Liste mit Gegenständen durcharbeiten, in der sie jedes Mal gefragt wurden, ob sie ihn besitzen und in welchem Maße sie ihn haben wollen. Dabei zeigte sich, dass beides glücklich macht: zu haben, was man will, und zu wollen, was man hat.

Test: Wie glücklich bin ich?

Wissen Sie das eigentlich, wie glücklich Sie sind? Sie haben wahrscheinlich eine diffuse Vorstellung davon. Aber kennen Sie auch die wesentlichen Kriterien, nach denen diejenigen, die sich beruflich mit dem Glück beschäftigen, das Glücksempfinden beurteilen?

Der folgende Selbsttest stammt von einem der Pioniere der Glücksforschung, dem US-amerikanischen Psychologen und Autor Ed Diener. Der Test ist erstaunlich kurz und besteht nur aus wenigen Fragen. Da auch Ed Diener den Begriff »Glück« eher gleichsetzt mit »Zufriedenheit«, heißt sein Test auch nicht »Glückstest« sondern »Zufriedenheitsskala« (Satisfaction with Life Scale/SWLS).

Fragebogen zur Lebenszufriedenheit

Sie finden hier fünf Feststellungen und sieben Möglichkeiten der Zustimmung oder Ablehnung, geordnet nach Nummern:

7 Starke Zustimmung
6 Zustimmung
5 Schwache Zustimmung
4 Weder Zustimmung noch Ablehnung
3 Schwache Ablehnung
2 Ablehnung
1 Starke Ablehnung

Bitte entscheiden Sie nun, welcher Wert jeweils auf Sie zutrifft, und notieren Sie die Zahl hinter der jeweiligen Feststellung.

- In den meisten Bereichen verläuft mein Leben nahe an meinen Idealvorstellungen.
- Meine Lebensbedingungen sind ausgezeichnet.
- Ich bin zufrieden mit meinem Leben.
- Bis jetzt habe ich die wichtigen Dinge, die ich haben wollte, bekommen.
- Wenn ich mein Leben wiederholen könnte, würde ich fast nichts anders machen.

Nun zählen Sie alle Zahlen, die Sie sich hinter den Feststellungen notiert haben, zusammen. Das Ergebnis gibt Ihren persönlichen Grad an Zufriedenheit an.

Summe aller Punkte	Lebenszufriedenheit
35–31	Extrem zufrieden
30–26	Zufrieden
25–21	Etwas zufrieden
20	Neutral
19–15	Etwas unzufrieden
14–10	Unzufrieden
9–5	Extrem unzufrieden

Wenn Sie die größtmögliche Punktzahl erreicht haben, können Sie das Buch an dieser Stelle eigentlich zur Seite legen oder einem guten Freund schenken, der es dringender braucht als Sie.

Wenn Sie aber nicht zu denen ganz oben auf der Skala gehören, haben wir bestimmt noch ein paar Tipps für Sie, wie Sie Ihr Glücksgefühl steigern können.

Info

Die SWLS im Original

Den Original-Fragebogen sowie einige Zusatzinformationen finden Sie im Internet unter dem folgenden Link: http://internal.psychology.illinois.edu/ffediener/SWLS.html. Hier werden außerdem in einer PDF-Datei, die allerdings nur auf Englisch verfügbar ist, die einzelnen Grade an Zufriedenheit ausführlich erklärt.

Positive Psychologie

Die Glücksforschung ist jung. Sehr jung sogar. Denn fast das gesamte 20. Jahrhundert hindurch haben die Psychologen

vor allem eines gemacht: sich mit den Krankheitsbildern der Seele beschäftigt. Das ist an sich gut nachvollziehbar, denn nicht die Glücklichen suchen Hilfe, sondern die Unglücklichen. Da schaut man sich doch zunächst einmal deren Probleme an.
Der Glücksforscher David Myers trug in einer Studie die Anzahl an wissenschaftlichen Beiträgen zu bestimmten Themengebieten der Psychologie in den »Psychological Abstracts« zusammen. In der Zeit von 1987 bis 2000 gab es:

- 70.856 Artikel über »Depressivität (Depression)«
- 57.800 Artikel über »Angst (Anxiety)«
- 8.072 Artikel über »Ärger (Anger)«

aber nur

- 5.071 Artikel zu »Lebenszufriedenheit (Life Satisfaction)«
- 2.958 Artikel zum »Glücklich sein (Happiness)« und
- 851 Artikel zum Thema »Freude (Joy)«.

Die Psychologen hatten ihre Aufmerksamkeit also primär auf das gerichtet, was nicht gut war.
Und es ist gut, dass sie das getan haben! Denn wer weiß, ob wir ohne die Pioniere der Psychoanalyse wie Sigmund Freud oder C. G. Jung seelisch Kranke nicht heute immer noch in »Tollhäusern« wegsperren würden. Sicher verwahrt für den Rest der »normalen« Menschheit. Es war ein wichtiger Schritt, seelische Krankheit als das einzuordnen, was sie eben ist: Krankheit.

Zum Glück hat man viel Aufmerksamkeit darauf verwendet, die Krankheiten der Seele zu erforschen, man hat Therapien entwickelt und Medikamente, mit denen sich viele dieser Krankheiten beheben lassen. Und um das zu können, musste man eben zunächst einmal hinschauen. Hin zur Krankheit. Sie erkennen und damit verstehen.

Erst nachdem das geschehen war, konnte man einen Schritt weiter gehen: nämlich schauen, worin sich die Denkweise der seelisch Kranken von der seelisch Gesunder unterscheidet. Man konnte sozusagen mit neuem Wissen zurückgehen zu den »Gesunden« und untersuchen, was die denn anders machen.

Achtung

Es gibt seelische Krankheiten – etwa Formen und Ausprägungen der Depression, Angststörungen, Psychosen und weitere Krankheitsbilder –, die eine klinische, meist auch eine medikamentöse Behandlung notwendig machen. Die Ansätze, die wir in unserem Buch an Sie weitergeben, greifen in all diesen Fällen nicht oder nicht weit genug!

Einer der wichtigsten Forscher auf diesem Gebiet ist der Amerikaner Martin Seligman. Er begründete die sogenannte Positive Psychologie. Ansatzpunkt war allerdings zunächst eine ganz andere Erkenntnis: nämlich die, dass sich Hilflosigkeit lernen lässt.

Das Experiment der »erlernten Hilflosigkeit«

Obwohl der Begriff so schön klingt, steht am Beginn der Positiven Psychologie ein gar nicht so »positives« Experiment. Gemeinsam mit seinem Kollegen Steven F. Maier startete Martin Seligman in den Sechzigerjahren einen Versuch an Hunden. Er setzte zwei Gruppen von Hunden einem Schmerzreiz aus. Die erste Gruppe hatte allerdings die Möglichkeit, die Stromschläge dadurch zu stoppen, dass sie entweder an einem Rad drehten oder einen Hebel betätigten. Die Hunde lernten nach kurzer Zeit, dass es sinnvoll ist, den Schmerz zu stoppen.

Anders die zweite Gruppe. Diesen Hunden gaben die Forscher kein Rädchen und auch keinen Hebel, sie waren, so grausam das jetzt klingt, den Stromschlägen hilflos ausgeliefert.

Dann ging der Versuch in die zweite Phase: Wieder wurden die Hunde den Stromschlägen ausgesetzt, dieses Mal hatten sie weder ein Rad noch einen Hebel zur Verfügung, um den Schmerzreiz zu beenden, aber sie konnten ihre Box verlassen.

Die Hunde aus der ersten Gruppe, die »gelernt« hatten, dass sie die Stromschläge beenden konnten, verließen auch sofort ihren Käfig. Anders dagegen die Hunde aus Versuchsgruppe zwei. Sie hatten »gelernt«, dass man Schmerzen einfach aushalten muss. Und obwohl auch die Tür zu ihrer Box offen stand, blieben sie völlig apathisch auf dem Boden liegen und warteten die nächsten Stromschläge ab.

Sie hatten »gelernt«, dass es ohnehin keine Möglichkeit gab, den Schmerzen zu entgehen. Sie hatten mit anderen Worten Hilflosigkeit gelernt.

Seligman zufolge lässt sich diese Erkenntnis auf Menschen übertragen: Denn viele, wenn auch nicht alle Menschen mit Depressionen erleben ihre Situation als etwas, dem sie hilflos ausgeliefert sind.

Aber die Versuchsreihe wäre nicht der Beginn der Positiven Psychologie, wenn jetzt nicht auch das Erfreuliche folgen würde.

Denn wenn wir Hilflosigkeit lernen können, dann können wir sie auch wieder verlernen. Indem wir den Blick eben nicht länger auf die Misserfolge richten, sondern auf das, was uns glücklich macht. Und dazu gehört auch zu schauen, was die glücklichen Menschen von den unglücklichen unterscheidet.

Das Wichtigste am neuen Ansatz der Positiven Psychologie, mit dem übrigens auch die »kognitive Verhaltenstherapie« arbeitet, ist, dass die Aufmerksamkeit weggelenkt wird von dem, was uns unglücklich oder gar seelisch krank gemacht hat, hin zu den Aspekten, die uns gesund machen können.

Martin Seligman drückt es in einem Aufsatz in der Zeitschrift »Psychologie heute« so aus: »Es geht nicht mehr nur darum, Schäden zu begrenzen – und von minus acht auf minus zwei der Befindlichkeitsskala zu kommen –, sondern wie wir uns von plus zwei auf plus fünf verbessern können.«

Um es gleich vorwegzunehmen: Die Frage, ob man zu den Glücklichen oder zu den Dauernörglern gehört, hängt nicht von einem einzigen Faktor ab. Und das ist ziemlich gut so. Denn auf diese Weise findet mit Sicherheit jeder irgendetwas, das er bei sich ändern kann. Zu den einzelnen »Glückstechniken« kommen wir später. Vorher aber noch eine ganz entscheidende Frage, die in der Glücksforschung immer wieder auftaucht: Ist das Glücksempfinden genetisch bedingt?

Genetisches Glück?

Nehmen wir einen beliebigen Morgen im Sommer: Sie wachen auf, schauen aus dem Fenster und sehen, dass draußen schönstes Sommerwetter herrscht. Sie erinnern sich, dass es tags zuvor in der Wettervorhersage hieß, es solle ein warmer, aber nicht heißer Tag werden. Ab und zu könnten zwar ein paar kleine Wolken durchziehen, aber wirklich trüben würden die das Sommerwetter nicht.

Was denken Sie jetzt?

Na gut, noch scheint draußen ja die Sonne. Aber wer weiß, wie lange das so bleibt? Aus kleinen Wolken können große werden, richtig scheußliche Regenwolken. Klar, der Wetterdienst hat etwas von »Sommertag« gesagt, aber da arbeiten doch ohnehin nur Amateure. Und wenn die sich zur Abwechslung mal nicht geirrt haben sollten, wenn also wider Erwarten den ganzen Tag lang die Sonne scheinen sollte, dann würde das wahrscheinlich doch heiß werden, sicher über dreißig Grad. Und Sie müssen ins Büro. Und wenn Sie endlich mit der Arbeit fertig sind, kommen bestimmt doch noch Regenwolken. Oder die Hitze entlädt sich in einem dieser ewigen Sommergewitter …

Kennen Sie das? Das kann ewig so weitergehen.

Vielleicht sehen Sie beim Aufwachen auch einen Sommertag und denken sich, klasse, der Wetterdienst hat ja versprochen, dass es den ganzen Tag so bleibt. Sie könnten Ihre Vormittagspause heute eigentlich auf die Terrasse verlegen, und wenn es zu warm sein sollte, gibt es da diesen Schattenplatz unterm Dach. Und am Abend könnten Sie noch essen

gehen. Eigentlich wäre heute ja Putzen angesagt, aber das lässt sich verschieben, der nächsten Regentag kommt sowieso irgendwann.
Derselbe Morgen – zwei Arten, ihn zu begrüßen:

?! Wie nehmen Sie Ihr Leben wahr? Sehen Sie vor allem Probleme, oder entdecken Sie ständig Dinge, über die Sie sich freuen können?

Wovon hängt es eigentlich ab, ob Sie zur ersten oder zur zweiten Gruppe gehören, ob Sie also vorwiegend das Gute oder vorwiegend das mögliche Schlechte wahrnehmen? Von Ihrer inneren Überzeugung, Ihrer Herangehensweise ans Leben oder von Ihrer genetischen Veranlagung? Mit anderen Worten: Haben Sie einen Einfluss auf Ihre Wahrnehmung, oder sind äußere Umstände dafür verantwortlich?
Um dem Rätsel auf die Spur zu kommen, hat man eineiige Zwillinge untersucht. Mit einem erstaunlichen Ergebnis: Wenn man das Glücksempfinden dieser Zwillinge über einen Zeitraum von mehreren Jahren beobachtet, also durch verschiedene Höhen und Tiefen ihres Lebens verfolgt, dann ergibt sich, dass beide Zwillinge ihr Leben als Gesamtheit ungefähr gleich bewerten. Nun haben diese Geschwister aber keineswegs dieselben Lebensläufe. Sie arbeiten in verschiedenen Berufen, der eine ist verheiratet, der andere Single …
Das Leben der untersuchten Zwillingspaare verlief jeweils ganz unterschiedlich. Und doch war die Bewertung ähnlich.
Wenn also zwei Menschen mit denselben genetischen Anlagen ihr Leben auch sehr ähnlich einschätzen, unabhängig

davon, wie dieses Leben bislang verlaufen war, dann, so schlossen die Forscher, muss diese Wahrnehmung wohl in den Genen liegen.

Tatsächlich geht man davon aus, dass ungefähr fünfzig Prozent unseres subjektiven Glücksempfindens genetisch bedingt sind.

So ein Mist! Die Hälfte legen also die Gene fest. Da können Sie gar nicht viel machen: einmal frustriert, dauerhaft frustriert.

Vielleicht ist es aber auch ziemlich gut? Denn genau die Hälfte können wir steuern. Und das ist ganz schön viel. Ein Teil dessen liegt bereits hinter Ihnen: Das ist die Erziehung durch Ihre Eltern und die Prägung durch Ihr bisheriges soziales Umfeld. Aber auch das, was in dieser Zeit vielleicht an Schaden angerichtet wurde, lässt sich korrigieren. Diese fünfzig Prozent jedenfalls haben Sie selbst in der Hand.

Info

Ungefähr fünfzig Prozent unseres Glücksempfindens sind genetisch bedingt. Man spricht hier vom »Happiness Set Point«.

Womit wir wieder beim Thema wären: Wie nehmen Sie die Dinge wahr?

Für uns sind nämlich nicht die fünfzig genetisch festgeschriebenen Prozent entscheidend, sondern die fünfzig »freien«, die, auf die wir Einfluss haben.

Und »Einfluss« heißt in diesem Zusammenhang etwas ganz Konkretes: Denn unser Gehirn ist keineswegs ein starres Gebilde, sondern auch im Erwachsenenalter noch ständig formbar.

Das heißt: Wir lernen nie aus. Und deshalb haben wir auch immer die Chance, an eingefahrenen Denk- und Wahrnehmungsmustern etwas zu ändern. Der Fachbegriff dafür stammt aus der Neurobiologie und heißt Neuroplastizität.
Bevor wir uns weiter in die Erkenntnisse der Neurobiologie vertiefen, hier noch ein Aspekt, an den Sie sicherlich auch bereits gedacht haben. Was ist mit Schicksalsschlägen? Die lassen sich nicht schönreden. Und das versucht auch die Wissenschaft nicht. »Es gibt Geschehnisse im Leben«, erklärt Martin Seligman in einem Interview, »da muss auch die Positive Psychologie sagen: Das ist Realität.« Sein Ansatz versuche nicht, tragische Ereignisse zu ignorieren, sondern beziehe sich auf die Situationen, auf die wir Einfluss haben. »Die Frage ist, wie man mit den veränderbaren Geschehnissen umgeht und wie man die lokalen, temporären Ursachen für sie finden kann.« Es geht also in der Positiven Psychologie nicht darum, die Realität zu verleugnen, sondern dort die Wahrnehmung oder die Bedingungen zu ändern, wo wir dazu in der Lage sind.

Biochemisches aus dem Gehirn

Jetzt wird es vorübergehend etwas wissenschaftlich.
Hatten Sie bisher gedacht, unser Gehirn sei ein starres Gebilde? Dass eine Überzeugung aus der Kindheit für alle Zeiten so festgelegt sei?

Das stimmt nicht. Zum Glück! Denn wäre diese Annahme richtig, dann könnten wir uns jede Form von Psychotherapie sparen. Und auch dieses Buch wäre überflüssig.

Aber es ist eben anders. Wir können unser Gehirn formen. Wir können ihm beibringen umzudenken, die Dinge neu und anders wahrzunehmen als bisher. Genau da setzen die Techniken für mehr Glück an, die wir Ihnen später vorstellen werden.

Nehmen wir einmal an, Sie verstauchen sich die rechte Hand. Vieles, das Sie bisher mit rechts gemacht haben, müssen Sie nun vorübergehend mit links erledigen. Stimmt, am Anfang ist das mühsam. Denn Sie müssen umlernen.

Aber es dauert gar nicht so lange, und Sie werden die Erfahrung machen, dass es auch mit links ganz gut funktioniert. Und später, wenn Sie dann Ihre rechte Hand wieder einsetzen können, wird Ihnen in umgekehrter Weise dasselbe noch einmal auffallen: Sie müssen wieder umlernen. Mit links hat das alles jetzt ziemlich gut geklappt. Aber Sie sind nun mal Rechtshänder, also wird wieder »umgelernt«.

Was ist da passiert?

Ihr Gehirn hat sich »umgestellt«, die Areale, die für die linke Seite zuständig sind und die bisher bei Ihren Bewegungsabläufen etwas unterfordert waren, haben sich stärker ausgeprägt. Die Wissenschaft kann diese Hirnareale genau identifizieren und ihre Aktivität sichtbar machen, das Ganze ist also kein rein theoretisches Konstrukt.

Und dieselbe Erkenntnis gilt für unsere Psyche: Wir können eine neue Wahrnehmung einüben und damit gleichzeitig die Struktur unseres Denkens und Handelns, sogar die einzelner

Hirnareale verändern. Das heißt: Je öfter wir einen bestimmten Gedanken haben, umso stärker wird er unsere Wahrnehmung für die Zukunft prägen. Und damit wiederum für neue, sehr ähnliche Gedanken sorgen.

Wer also zehnmal nacheinander trotz des Sonnenwetters an mögliche Regenwolken denkt und deshalb schon mal vorsorglich schlecht gelaunt ist, dessen Gehirn nimmt dieses Denkmuster an. Wie können wir bei so einer miesen Laune den Sonnenschein da draußen sehen? Und weil das Gehirn das Denkmuster so gut angenommen hat, werden wir auch am elften wunderschönen Sommermorgen wieder mit Regenwolken rechnen.

Wir sind also das, was wir denken.

Aber wir könnten auch etwas oder eher jemand ganz anderer sein. Oder werden.

Unser Gehirn ist, wie gesagt, formbar. Das genau bedeutet Neuroplastizität. Die Synapsen zwischen den einzelnen Hirnzellen reagieren immer schneller, je häufiger sie aktiviert werden. Und so werden unsere Gedanken zu einer Art Pfad für unsere Empfindungen. Diesen Pfad gehen wir immer häufiger, bis er zur Gewohnheit geworden ist. Auch wenn das die Gewohnheit des Schimpfens, Meckerns und Nörgelns ist …

Aber: Wir können die Richtung ändern! Uns einen neuen Pfad bahnen.

Das mag am Anfang ungewohnt sein, doch wir können es lernen. Dazu noch ein kleiner Blick in die Neurobiologie:

Botenstoffe

Für unser Wohlbefinden ganz entscheidend sind bestimmte Botenstoffe, auch Neurotransmitter genannt. Sie sind dafür zuständig, dass die Gefühle im Gehirn von Nervenzelle zu Nervenzelle übertragen werden. Die Orte des Geschehens sind dabei die Synapsen, das heißt Kontaktstellen, über die die Nervenzellen miteinander in Verbindung stehen.

Vor allem drei Neurotransmitter steuern unsere positiven Gefühle: Dopamin, Serotonin und Oxytocin.

Dopamin sorgt für unser Glücksgefühl. Antrieb, Begeisterung, Aufmerksamkeit, Freude, all das wird gesteuert durch das Dopamin. Umgekehrt sorgt ein zu niedriges Dopaminniveau auch dafür, dass wir uns lust- und antriebslos fühlen.

Serotonin ist vor allem für unsere seelische Ausgeglichenheit zuständig. Vielen Menschen ist es daher unter der Bezeichnung »Glückshormon« bekannt. Serotonin dämpft unter anderem Gefühle wie Angst und Kummer, aber auch Aggressionen.

Oxytocin ist das »Kuschelhormon«. Es sorgt für harmonische, liebevolle Gefühle, für zwischenmenschliche Bindungen. Berührungen, Streicheln, Kuscheln, all das sorgt für die Ausschüttung von Oxytocin, macht die Menschen friedfertiger und liebevoller. Außerdem hemmt es die Ausschüttung des Stresshormons Cortisol.

Diese Hormone oder Neurotransmitter sind in unserem Körper eigentlich immer vorhanden. Allerdings nicht immer in ausreichender Menge oder im optimalen Mengenverhältnis, und dann können wir ernsthaft seelisch krank werden. Doch wir wollen uns in diesem Buch nicht mit Krankheiten beschäftigen – dafür sind Ärzte zuständig –, sondern schauen, was ein an sich seelisch gesunder Mensch selbst tun kann, um glücklicher zu sein.

Tipp

Wir können einiges tun, um die Ausschüttung dieser Botenstoffe anzukurbeln. Und damit sind wir wieder beim oben beschriebenen Kreislauf: Nehmen wir das Sommerwetter wahr, schüttet unser Körper entsprechende Botenstoffe aus, und wir nehmen das Sommerwetter auch am nächsten Morgen wieder wahr. Und wenn es doch mal regnet, ist das auch ganz gemütlich. Außerdem kommt der nächste warme Sommertag garantiert ... Der Kreislauf ist in der richtigen Richtung in Gang gesetzt worden.

Glücksgefühle sind demnach kein Zufall, sondern eine Folge. Nämlich die der richtigen Gedanken und Handlungen.

?! Quiz

Was meinen Sie, wovon hängt unser Glück mehr ab?

a. **von uns selbst** b. **von den anderen** c. **von beidem**

Antwort a) ist richtig. Studien zeigen, dass wir selbst in großem Maße darüber entscheiden, ob wir glücklich sind oder nicht.

Die Antwort auf unsere Quiz-Frage zeigt es noch einmal: Wir sind viel weniger ein Opfer unserer äußeren Umstände, als wir glauben. Denn ob wir unser Leben als schön beurteilen oder nicht, hängt am allermeisten von uns selbst ab.

Und noch etwas ist in diesem Zusammenhang wichtig: Glück erreicht man nicht, indem man ein einziges Mal versucht, anders zu denken. Unser Gehirn verdrahtet sich nur langsam neu, das heißt, die neue Wahrnehmung muss geübt werden, ehe sich daraus ein ganz neues Wahrnehmungsmuster bildet. Das sich dann von allein trägt.

Glück hat also auch etwas mit Arbeit zu tun. Leider. Oder zum Glück. Denn mit dieser Arbeit können wir anfangen. Gleich jetzt.

Zitat

»Die eigentlichen Geheimnisse auf dem Weg zum Glück sind Entschlossenheit, Anstrengung und Zeit.«

Tendzyn Gyatsho,
14. Dalai Lama

Kapitel 2 –

Was glücklich macht. Oder auch nicht.

Glück hat etwas mit Arbeit zu tun. Das haben Sie eben gerade gelesen. Und Arbeit klingt ja grundsätzlich erst mal nicht so verlockend. Oder doch? Schließlich fühlen wir uns wohler, wenn wir glücklich sind. Das ist aber nicht das einzig Gute am Glück.

Glück hat nur Vorteile

Was können wir uns denn von unserer »Glücksarbeit« erhoffen? Lohnt sich der Aufwand? Ja, er lohnt sich! Denn glückliche Menschen …

- … sind psychisch und physisch gesünder.
- … können den Augenblick mehr genießen.
- … streiten weniger.
- … sind kreativer, können sich Dinge besser merken und lernen leichter.
- … sind sensibler und offener für die Realität.
- … sind aktiver ins Leben eingebunden, besonders im Alter.
- … haben eher beruflichen Erfolg und folgen dabei hohen moralischen Grundsätzen.
- … sind empathisch (also mitfühlend) und sozial.

… denken glücklich und fühlen sich glücklich, sie sehen das Gute im Leben und denken auch positiv. Umgekehrt neigen sie weniger zu Grübeleien. Was wiederum zu einer optimistischen Sicht auf das Leben führt.

Manche dieser Punkte erklären sich von selbst, auf einige werden wir im weiteren Verlauf dieses Buches genauer eingehen. Jetzt aber zunächst eine Frage an Sie:

?! Quiz

Leben glückliche Menschen länger?

a. ja b. nein c. nur, wenn sie vor 1970 geboren sind

Antwort a) ist richtig. Untersuchungen haben gezeigt, dass glückliche Menschen länger leben, weniger krank und auch schneller gesund werden als unglückliche. Das liegt unter anderem daran, dass Glück im Körper vieles bewirkt: Es sind weniger Stresshormone im Blut, und das Blut ist außerdem dünner – und das ist gut für das Herz.

Übrigens heißt das noch lange nicht, dass glückliche Menschen nicht krank werden. Sie bewerten ihre Krankheit nur anders und gehen auch anders damit um. Was wiederum heißt, dass sie bessere Chancen haben, schneller wieder gesund zu werden.

i Info

Forschungen haben gezeigt, dass glückliche Menschen besser geschützt sind vor Herzinfarkten, Infekten, Diabetes und vor allem Depressionen – dem Gegenteil des Glücks.

Stress macht anfällig für Krankheiten. Deshalb hier schon einmal ein erster, so einfacher wie schwieriger Tipp: Reduzieren Sie Stress. Mehr dazu erfahren Sie unter anderem im Abschnitt über Meditation.

Was uns nicht glücklich macht

Ein eigenartiger Ansatz, werden Sie jetzt vielleicht denken. Ein Buch zum Thema Glück, und dann so ein Absatz. Vor allem: Was uns **nicht** glücklich macht, wissen wir doch längst: die lauten Nachbarn mit ihrer fürchterlichen Musik, die zickige Ehefrau, das Geschirr, das sich irgendwie nie von selbst sauber macht, das frühe Aufstehen, um zu unserem total unterbezahlten Arbeitsplatz zu fahren …

»Unterbezahlt« ist so ein Stichwort. Denn glücklich würde uns machen …

Sie wissen schon, worauf das Ganze hinausläuft? Wir beginnen am besten wieder mit einer Frage. Was glauben Sie:

?! Quiz

Viel Geld macht glücklich.

a. Stimmt

b. Stimmt nicht

Antwort b) ist richtig.

Und damit können wir einen der wichtigsten Irrtümer zum Thema Glück hoffentlich endgültig aus der Welt schaffen: Es ginge Ihnen *nicht* besser, wenn heute der Geldsegen über Ihnen herabregnen würde.

Allerdings mit einer Einschränkung: Eine Grundsicherung muss gegeben sein. Das heißt, um glücklich zu sein, sollten Sie sich keine Sorgen darüber machen müssen, ob Sie Ihre Miete zahlen, Ihr Essen und Ihre Kleidung kaufen können. Dabei ist Studien zufolge in den unteren Einkommensschichten das Glücksempfinden am wenigsten ausgeprägt, steigt dann bis zu einem gewissen Grad an (in Deutschland etwa 3.000 Euro Nettoeinkommen), aber darüber hinaus bedeutet mehr Geld nicht auch mehr Glück. Sagen zumindest die Glücksforscher.

Schauen wir uns deren Forschungsergebnisse etwas genauer an.

Martin Seligman – Sie erinnern sich, das ist der Pionier der Positiven Psychologie – begleitete Gewinner großer Geldsummen über einen längeren Zeitraum nach dem großen Los. Das Ergebnis ist ernüchternd. Oder beruhigend, je nachdem, wie Sie es wahrnehmen möchten: Drei Monate hielt das Glücksgefühl an. Dann war alles wieder wie früher.

> **Zitat**
>
> *»Das Glück wohnt nicht im Besitze und nicht im Golde, das Glücksgefühl ist in der Seele zu Hause.«*
>
> *DEMOKRIT*

Zu einem regelrecht niederschmetternden Ergebnis kam der britische Forscher Andrew Oswald: Die von ihm untersuchten Lottogewinner waren nicht nur nach kurzer Zeit wieder auf dem gleichen Glücksniveau wie vor dem Gewinn. Sie waren sogar deutlich unglücklicher bis hin zur Depressivität.

> **Zitat**
>
> *»Bevor man etwas brennend begehrt, sollte man das Glück dessen prüfen, der es bereits besitzt.«*
>
> *FRANÇOIS DE LA ROCHEFOUCAULD*

Und noch eine Studie, diesmal aus den USA, in der Millionäre mit Normalbürgern verglichen wurden: Von 100 Reichen mit einem Vermögen von mehr als 125 Millionen Dollar fühlten sich 67 Prozent glücklich. Unter den zufällig ausgewählten Amerikanern mit Durchschnittseinkommen waren es 62 Prozent. Der Unterschied ist eigentlich zu vernachlässigen.

Interessant ist übrigens die Erkenntnis, dass der Vergleich mit anderen Menschen uns unglücklich macht. Oder auch glücklich, je nachdem. So fühlen sich die Menschen in Dänemark, einem Staat, in dem es nur geringe soziale Unterschiede zwischen den Menschen gibt, sehr glücklich. Gesellschaften mit einem hohen Gefälle zwischen Arm und Reich produzieren dagegen mehr Unglückliche.

Zitat

»Wenn du einen Menschen glücklich machen willst, dann füge nichts seinem Reichtum hinzu, sondern nimm ihm einige von seinen Wünschen.«

Epikur

Info

Wo leben die glücklichsten Menschen? Nicht in Deutschland, so viel steht fest. Bei einem Vergleich von 54 Ländern stand Deutschland an der 33. Stelle. Vorne lagen dagegen Venezuela und Nigeria, zwei der ärmsten Länder der Welt.

Und warum ist das so? Nun, viele von uns sind in dem Denken groß geworden, dass viel Geld auch viel Wohlstand und viel Wohlstand viel Glück bedeute.

Doch wie so oft bei Fragen des Glücks gilt wieder: Es kommt darauf an.

Ganz entscheidend kommt es darauf an, wie man zu seinem Geld gekommen ist. Wenn man es sich nämlich erarbeitet hat, und zwar mit einer Tätigkeit, die glücklich macht, dann macht auch Geld glücklich. Allerdings ist es dann gar nicht so sehr das Geld, das uns glücklich macht. Vielmehr entsteht das Glück aus der Befriedigung darüber, dass wir etwas tun, was uns ausfüllt. Dazu später mehr.

Das Geld zumindest, das völlig unverdient auf uns kommt, macht nur kurze Zeit glücklich. Oder vielleicht sollten wir eher sagen: Es versetzt uns nur für kurze Zeit in Euphorie. Warum das so ist, dazu gibt es ein paar Vermutungen:

Zum einen kann man sich auch an viel Geld schnell gewöhnen. Wir passen unseren Lebensstandard innerhalb kurzer Zeit an mehr Luxus an. Und dann muss das Geld für diesen Luxus auch reichen. Und schon sind die nächsten Sorgen da: Wenn es bisher darum ging, dass die dämliche Waschmaschine hoffentlich in den nächsten Wochen ihren

Glückstipp

Vergleichen Sie sich nicht mit anderen! Es wird immer irgendwo jemanden geben, der den besser bezahlten Job, das größere Haus, das teurere Auto hat, der sich den luxuriöseren Urlaub leisten kann. Schauen Sie, was Ihren Lebensstandard betrifft, nicht nach rechts und links, sondern seien Sie zufrieden mit dem, was Sie haben.
Oder um es mit dem dänischen Philosophen Sören Kierkegaard zu sagen: »Das Vergleichen ist das Ende des Glücks und der Anfang der Unzufriedenheit.«

Zitat

»Man will nicht nur glücklich sein, sondern glücklicher als die anderen. Und das ist deshalb so schwer, weil wir die anderen für glücklicher halten, als sie sind.«

Charles-Louis de Montesquieu

Geist nicht aufgibt, weil eine neue einfach zu teuer wäre, dann ist es jetzt kein Vergnügen mehr, die passende Zweitwohnung in Paris zu finden. Bei den Eigentumspreisen dort …

Und wenn wir sie dann doch gefunden haben? Fühlen wir uns zufriedener mit so einem Zweitwohnsitz? Sicherer? Macht der höhere Lebensstandard unsere Ehe harmonischer? Ist der Sommer deshalb sonniger, wärmer, schöner? Oder lauern auch jetzt noch am Sommertag diese fiesen, dicken Regenwolken, selbst wenn die weit und breit noch gar nicht zu sehen sind?

Sie merken es sicher schon. Es kommt auf ganz andere Werte an als auf Geld. Innere Zufriedenheit hängt nur zu einem kleinen Teil vom Materiellen ab.

Oder anders ausgedrückt: Wer vorher schon glücklich war, den kann ein Lottogewinn vielleicht sogar noch glücklicher machen. Weil er das, was er sich davon leistet, auch genießt. Er hat aber auch das, was er vorher hatte, bereits genossen. Umgekehrt macht Geld aus einem innerlich zutiefst unzufriedenen keinen zufriedenen Menschen.

Insofern: Hoffen Sie ruhig weiter auf das Glückslos. Aber fangen Sie mit dem Glücklichwerden lieber jetzt schon an.

Was uns glücklich macht

Das hätten wir also geklärt. Es liegt demnach nicht am fehlenden Geldregen, wenn Sie immer noch nicht glücklich sind. Aber woran dann?

Schauen wir uns doch einfach einmal an, was die Wissenschaft herausgefunden hat über Menschen, die glücklich sind.

Glückliche Menschen …

… haben ihr Leben selbst in der Hand. Sie meinen, dass sie ihr eigenes Glück (und auch ihr Unglück) selbst herbeiführen zu können.

… leben in einem Gleichgewicht zwischen Anspannung und Entspannung.

… schaffen die Balance zwischen dem, was sie haben, und dem, was sie wollen.

… sind kreativ und neugierig.

… haben einen Lebenssinn gefunden.

… sind nicht darauf fixiert, unbedingt glücklich zu werden. Sie nehmen stattdessen das, was sich ihnen bietet, und genießen es.

… haben häufig positive Ereignisse – dabei ist die Häufigkeit und nicht die Intensität entscheidend. Sie freuen sich über viele kleine Glücksmomente, warten aber nicht auf das »große« Glück.

… können ihre Möglichkeiten und Fähigkeiten realistisch einschätzen.

… sind nicht auf der Jagd nach Genuss, aber sie sparen sich auch nichts auf, sie leben im Hier und Jetzt.

… nehmen sich Zeit für Freunde und Familie.

… glauben, dass andere Menschen sie schätzen und mögen (egal, ob das der Wahrheit entspricht oder nicht).

… haben bei ihren beruflichen und privaten Aktivitäten ein Gefühl, das dem Glück sehr verwandt ist. Dieses Gefühl wird »Flow« genannt. Es entsteht immer dann, wenn wir Dinge tun, die uns weder unter- noch überfordern.

Auf manche dieser Punkte werden wir noch genauer eingehen. Aber wenn Sie sich diese Auflistung anschauen, werden Sie feststellen, dass glückliche Menschen eben nicht mehr »Glück haben« als andere, sondern dass sie ihr Leben anders bewerten als andere.
Und sie sind aktiv.
Das entspannte Wochenende vor dem Fernseher kann zwar von Zeit zu Zeit ganz erholsam sein. Wenn Ihre Wochenenden und Feierabende aber nur noch daraus bestehen, ist das nicht mehr entspannend, sondern es steht dem Glück sogar im Weg. Denn es unterfordert Sie.
Und Unterforderung führt normalerweise nicht zu Erfolgserlebnissen. Die aber wiederum sind wichtig für das Glücksgefühl.

Kapitel 3 –

Was wir für unser Glück tun können

Gleich zu Anfang: Wir können viel tun. Aber wir müssen uns zum Teil anstrengen.

Wir sind nämlich von der Evolution her dafür ausgerüstet, eher drohende Gefahren wahrzunehmen als den blauen Sommerhimmel über uns. Denn wir stammen, einfach ausgedrückt, von denjenigen Vorfahren ab, die überall Gefahren gesehen haben. Von denjenigen, die das Mammut erlegt haben, nicht von denen, die von ihm gefressen wurden, weil sie gerade so in den Anblick des Sonnenuntergangs versunken waren.

Das heißt leider: Von negativen Stimmungen und Gedanken, vom Gefühl, dauernd irgendwo bedroht zu werden, geht ein unglaublicher Sog aus. Wir sind von Natur aus offenbar eher darauf konditioniert, frustriert zu sein als glücklich.

Info

Wesentlich für unser Glücksempfinden ist das Gefühl, dass wir unsere Emotionen selbst beeinflussen können. Glückliche Menschen fühlen sich den Ärgernissen ihres Lebens nicht so ausgeliefert wie unglückliche. Das heißt: Ob wir über die lange Warteschlange an der Supermarktkasse nun sauer sind oder nicht, hängt davon ab, wie wir die Wartezeit nutzen. Oder was wir generell für eine Meinung zu Warteschlangen haben. Oder ob wir zur falschen Zeit einkaufen gehen, nämlich genau dann, wenn das gerade auch alle anderen machen. Fest steht zumindest: Wenn die Schlange lang ist, wird sie durchs Ärgern auch nicht kürzer.

Schön ist das nicht. Aber es ist nun mal so.

Und wenn wir daran etwas ändern wollen, müssen wir etwas tun. Dazusitzen und zu warten, bis sich die schlechte Laune wieder verflüchtigt, ändert gar nichts. Vom Dasitzen ist noch nie der bessere Arbeitsplatz an unserem Fenster vorbeigeflogen. Auch Freunde melden sich irgendwann nicht mehr, wenn wir sie selbst monatelang nicht anrufen. Und der richtige Partner klingelt auch nicht einfach so an der Tür und sagt: »Hallo, ich glaube, du hast genau mich gesucht.«

Es läuft immer wieder auf dasselbe hinaus: Wir müssen uns aufraffen und etwas machen. Und wenn dieses »Machen« zunächst einmal »nur« darin besteht, unsere Wahrnehmung zu ändern.

Optimismus kontra Pessimismus

Kommen wir noch einmal zurück auf Martin Seligman, dem Begründer der Positiven Psychologie. Er hat sich eingehend mit der Frage beschäftigt, was Optimisten von Pessimisten unterscheidet. Und er ist zu einem eindeutigen Ergebnis gekommen: Es geht den Optimisten gar nicht unbedingt besser als den Pessimisten. Sie bewerten ihre Situation nur anders.

Dazu ein kleines Gedankenspiel:

Nehmen wir einmal an, Sie treffen einen alten Freund wieder. Und der ist ungewöhnlich einsilbig. Sie fragen ihn, ob er Lust hat, mit Ihnen einen Kaffee trinken zu gehen, Sie haben gerade noch eine Stunde Zeit. Aber er lehnt ab. Müde, viel zu tun, ziemlich in Eile. Aber vielleicht nächste Woche …

Was denken Sie?

- Er hatte bestimmt in letzter Zeit viel Arbeit und war nur mal kurz etwas in der Stadt einkaufen. Nächste Woche ist der Stress hoffentlich vorbei, da gehen wir zusammen Kaffee trinken.
- Er hätte ganz sicher jede Menge Zeit gehabt. Aber er kann mich nicht mehr leiden und denkt sich alle möglichen Ausreden aus. Ich muss ihn nächste Woche auch gar nicht erst anrufen, da hat er dann die nächsten Gründe, um das Treffen abzulehnen.

Oder noch ein zweites Gedankenspiel:
Sie haben gerade ein Telefonat mit einem anstrengenden, nörgeligen Kunden geführt. Und am Ende hat er all Ihren Vorschlägen zugestimmt. Wie bewerten Sie diese Situation?

- Eigenartig, irgendetwas muss ich heute an mir haben, dass der so friedlich wurde.
- Ich habe einfach Talent, mit schwierigen Menschen umzugehen.

Dieselben Situationen, zwei Möglichkeiten, darauf innerlich zu reagieren. Optimisten sehen Seligman zufolge die Ursache für unerfreuliche Ereignisse als vorübergehend an (»Er war bestimmt heute nur in Eile«). Pessimisten verallgemeinern den einen Moment (»Er mag mich nicht mehr und deshalb hat er auch in Zukunft keine Zeit für mich«).
Genau dasselbe gilt bei positiven Ereignissen: Optimisten glauben hier, dass die Ursache dauerhaft ist (»Ich kann einfach gut mit Menschen umgehen« … Ich werde das also

auch in Zukunft immer wieder können), Pessimisten glauben, dass die Ursache einmalig und vielleicht sogar nur ein reiner Glücksfall war (»Ich muss heute irgendetwas an mir haben, dass der so friedlich wurde« ... normalerweise schaffe ich das nie).
Das Spiel lässt sich auf viele Bereiche im Leben übertragen. Versuchen Sie einmal, die jeweils andere Geisteshaltung zu ergänzen. Die Auflösung finden Sie auf S. 86.

Optimisten denken ...	Pessimisten denken ...
	Keiner mag mich.
Dieses Musikstück ist langweilig	
	Ich bin nur gut in Mathe.

Diese optimistische Geisteshaltung kann man einüben. Das klappt sicher nicht beim ersten Versuch. Es klappt vielleicht auch noch nicht beim zweiten oder dritten. Aber irgendwann wird es Ihnen zur Gewohnheit, anders als bisher zu denken. Erinnern Sie sich an die Erkenntnisse über die Neuroplastizität. Unser Gehirn ist form- und veränderbar. Wir können neue Verknüpfungen herstellen und dementsprechend auch neue Denkmuster ausbilden.

Glücksübung

Kaufen Sie sich einen Notizblock. Er sollte so klein sein, dass er gut in Ihre Hand- oder Jackentasche passt. Wann immer Ihnen nun bewusst wird, dass Sie eine Situation negativ beurteilen, schreiben Sie sich diese Wahrnehmung auf und versuchen Sie, sie zu modifizieren.

Achtung

Es geht nicht darum, reale Probleme schönzureden oder gar zu ignorieren. Es geht nur darum, den Blickwinkel ein bisschen zu verschieben.

Natürlich werden Sie dazu nicht immer Zeit und Gelegenheit haben. Aber es genügt schon, wenn Sie diese Übung ab und zu machen. Sie werden wahrscheinlich überrascht oder sagen wir eher unangenehm überrascht sein, wie viele Frustrationsmomente Sie aufschreiben. Manchmal hilft es schon, sich die eigene Wahrnehmung bewusst zu machen, um sie zu ändern. Noch viel wirkungsvoller ist es natürlich, wenn Sie sich die Zeit nehmen, das Gegenteil Ihrer negativen Wahrnehmung zu formulieren.

Das Glückstagebuch

Der Begriff des Glückstagebuchs stammt von dem Arzt und Kabarettisten Eckart von Hirschhausen. Der Grundgedanke dabei ist der, dass wir den Blick auf unser Glück schulen können. Wie wir in der Auflistung weiter oben geschrieben haben, sind es nämlich nicht die ganz großen Glücksmomente, die uns zu glücklichen Menschen machen. Sondern es sind die vielen kleinen Augenblicke: der Nachbar, der gerade Klavier spielt, das neue Rezept, das richtig gut gelungen ist …

Zitat

»Glück entsteht oft durch Aufmerksamkeit in kleinen Dingen, Unglück oft durch Vernachlässigung kleiner Dinge.«

Wilhelm Busch

Zitat

»So muss man leben! Die kleinen Freuden aufpicken, bis das große Glück kommt. Und wenn es nicht kommt, dann hat man wenigstens die ›kleinen Glücke‹ gehabt.«

Theodor Fontane

Diese Momente zu bemerken können wir lernen. Wir können es regelrecht trainieren. Damit bahnen wir uns langsam, aber stetig einen neuen Weg, unser Leben als schöner wahrzunehmen.

Beginnen Sie einfach damit, sich jeden Abend drei Dinge aufzuschreiben, die an diesem Tag besonders schön waren. Jeden Abend. Jede Woche. Jeden Monat. Bis sich Ihre Wahrnehmung ändert, wird es eine Weile dauern. Aber es wird funktionieren.

Es ist das Glück ein flüchtig Ding

Es ist das Glück ein flüchtig Ding,
Und war's zu allen Tagen;
Und jagtest du um der Erde Ring,
Du möchtest es nicht erjagen.

Leg' dich lieber ins Gras voll Duft
Und singe deine Lieder;
Plötzlich vielleicht aus blauer Luft
Fällt es auf dich hernieder.

Aber dann pack' es und halt' es fest
Und plaudre nicht viel dazwischen;
Wenn du zu lang' es warten lässt,
Möcht' es dir wieder entwischen.

Emanuel Geibel

Sozialkontakte

Das ist nun eine sehr abstrakte Überschrift für etwas sehr Wichtiges, nämlich die Menschen um uns herum.

Fast niemand ist gerne allein. Oder zumindest nicht ständig. Untersuchungen haben gezeigt, dass diejenigen, die in einer festen Beziehung leben oder verheiratet sind, sich am glücklichsten fühlen.

Wenn Sie gerade Single sind, vielleicht nicht einmal freiwillig, nützt Ihnen diese Aussage wahrscheinlich gar nichts. Vermutlich wird sie Sie sogar regelrecht verärgern. Nachvollziehbar.

Aber Freunde hat so gut wie jeder Mensch. Nebenbei: Freunde sind auch Multiplikatoren. Man lernt durch sie neue Menschen kennen, und vielleicht ist auch der nächste Partner dabei.

?! Quiz

Wer ist glücklicher?

a. **Menschen, die viele gehaltvolle Gespräche führen**
b. **Small-Talker**

Antwort a) ist richtig. Menschen, die in ihrem Alltag eher gehaltvolle Gespräche führen, fühlen sich wohler und zufriedener, das zeigte eine US-Studie mit 79 Studenten. Es kommt also nicht auf die Quantität an, sondern vor allem auf die Qualität.

Aber unabhängig von der Partnersuche gilt das Zusammensein mit Menschen, die wir mögen, als etwas, das uns glücklich macht.

Aber auch die Familie kann glücklich machen. Also ruhig ab und zu bei der entfernten Cousine vorbeischauen oder sich mal auf Familienfeiern blicken lassen.

Denn: Ob Partner, Freunde oder Familie, alle geben sie Rückhalt und das Gefühl, nicht allein zu sein. Und dieses Gefühl macht glücklich.

Bei dieser Gelegenheit noch ein paar Sätze zum Thema Kinder.

Info

Es kommt bei Freundschaften übrigens nicht auf die Anzahl an. Wichtig ist die Qualität der Freundschaft. Also lieber ein paar wirklich gute Freunde haben und diese Freundschaften pflegen, als einen ganzen Stall oberflächlicher Bekanntschaften um sich versammeln.

Zitat

»Eine freundliche Atmosphäre in Deinem Haus ist die beste Grundlage für Dein Leben.«

DALAI LAMA

Bevor wir darauf näher eingehen, hier zunächst eine Frage. Was meinen Sie:

Quiz

Welches Kind macht am glücklichsten?

a. **das ungeborene**
b. **das gerade eingeschulte**
c. **das dritte Kind**

Antwort a) ist richtig. Paare in der Zeit vor der Geburt ihres ersten Kindes sind besonders glücklich. In den zwei Jahren nach der Geburt sinkt die Lebenszufriedenheit allerdings oft wieder auf dasselbe Niveau wie vor der Schwangerschaft ab und bleibt dort. Als Paar fühlen sich die Eltern am Anfang sogar oft unglücklicher als vorher.

Angeblich gibt es kein größeres Glück, als es uns Kinder bescheren können. Und es stimmt ja auch: Nie sonst am Tag ist man so fest davon überzeugt, die süßesten, liebsten Kinder der Welt zu haben, als in dem Moment, wenn sie endlich am Abend friedlich schlafen. Wie schön sie aussehen! Wie hübsch! Vergessen sind die Dauerdiskussionen vom Vormittag, der Wutausbruch, weil die Eltern nicht einsehen wollten, dass alle, wirklich alle aus der Klasse dieses neue Computerspiel haben und das eigene Kind es auch braucht!

Info

Herzlos, aber wahr: Laut einer anonymen Umfrage würden viele Frauen lieber einkaufen, telefonieren oder Zwiebeln schälen, als auf ihre Kinder aufzupassen.

Tatsächlich ist es so, dass bei Umfragen kinderlose Paare die größeren Glückswerte erzielen als Paare mit Kindern. Diese Umfragen beziehen sich allerdings immer nur auf die Qualität der Partnerschaft, nicht auf die Frage, wie glücklich die Kinder an sich machen.

Doch es ist nun einmal so: Kinder sind anstrengend. Sie fordern den Eltern enorm viel ab, vor allem enorm viel Verzicht: auf freie Zeit, aufs Entspannen, darauf, abends so oft wegzugehen, wie sie gern würden. Gleichzeitig vermitteln uns Kinder das Gefühl, gebraucht zu werden. Und sie können so unverfälscht Liebe zeigen, wie das Erwachsene nur selten können.

Info

Kinder bringen auch viele Vorteile: Eltern leben gesünder. Sie leben vorsichtiger. Kinder strukturieren den Alltag. Und Kinder lenken die Aufmerksamkeit weg vom eigenen Ego. Und das tut oft genug sehr gut.

Die Frage, ob Kinder glücklich machen oder nicht, läuft also wieder auf ein Ja und ein Nein hinaus.

Arbeit

Ja, Sie haben richtig gelesen. Arbeit kann glücklich machen! Arbeit kann natürlich auch unglücklich machen. Dann nämlich, wenn wir uns dabei langweilen oder wenn wir, im Gegenteil, vor zu schweren Aufgaben stehen. Wenn das Arbeitsklima mies ist oder der Chef ein Ekel oder gleich beides. Dann trägt die Arbeit logischerweise nicht zu unserem Wohlbefinden bei.

In allen anderen Fällen wäre uns aber gar nicht damit gedient, wenn eine gute Fee uns für alle Zeiten von der Arbeit entbinden würde. Diese Fee hätte dann nämlich den Anschluss an die neuen wissenschaftlichen Erkenntnisse verpasst.

?! Quiz

Gesellschaft und Forschung sind sich einig: Arbeit kann ein Glückskiller sein. Doch was dämpft die Lebensfreude der Deutschen am meisten?

a. **mehr arbeiten zu müssen, als man möchte**
b. **weniger arbeiten zu müssen, als man möchte**
c. **überhaupt arbeiten zu müssen**

Auch wenn es Sie vielleicht überrascht: Antwort b) ist richtig. Eine Erhebung von deutschen und australischen Forschern mit mehr als 60.000 Befragten offenbarte unter anderem, dass Deutsche unzufriedener mit ihrem Leben sind, wenn sie weniger Stunden arbeiten müssen, als sie eigentlich möchten. Zu viel arbeiten zu müssen belastet sie zwar auch, aber nicht so stark.

Arbeit kann glücklich machen. Dann nämlich, wenn …

… wir selbstbestimmt arbeiten

… ein gutes Arbeitsklima herrscht

… wir uns weder unter- noch überfordert fühlen

… das Gehalt zufriedenstellend ist.

Der Glücksforscher Mihaly Csikszentmihalyi hat darüber hinaus noch einige Fragen entwickelt, deren Antworten uns dabei helfen können herauszufinden, ob unsere Arbeit uns zufrieden macht.

Fragebogen zur »guten Arbeit«

Wenn Sie herausfinden möchten, wie glücklich Sie mit Ihrer Arbeit sind oder warum Sie möglicherweise nicht glücklich damit sind, dann beantworten Sie die folgenden Fragen:

- Denke ich, dass mein eigentlicher Tag erst anfängt, wenn die Arbeit fertig ist, oder macht mir meine Arbeit Spaß?
- Erhalte ich für meine Arbeit Anerkennung? Vom Chef? Vom Partner? Von Freunden?
- Würde ich mir dieselbe Arbeit noch einmal aussuchen?
- Kann ich durch meine Arbeit ständig etwas dazulernen?
- Nehme ich mit meiner Arbeit eine wichtige gesellschaftliche Aufgabe wahr?
- Kann ich bei dieser Arbeit meine Fähigkeiten entfalten? Entspricht diese Arbeit meinen Talenten?
- Bin ich auf mich und meine Arbeit stolz, wenn ich morgens in den Spiegel schaue?
- Würde ich in einer Welt leben wollen, in der sich jeder so verhält, wie ich mich verhalte?
- Welche moralischen Grenzen möchte ich in meiner Arbeit nicht überschreiten und warum nicht?
- Habe ich für meine Arbeit Vorbilder?

Aber selbst wenn Sie jetzt feststellen sollten, dass Ihre Arbeit Ihnen nicht die größte Erfüllung bringt: Es ist immer noch besser, überhaupt zu arbeiten, als arbeitslos zu sein. Denn mit Arbeitslosigkeit besteht nicht nur die Gefahr von Armut. Menschen, die ihre Arbeit verlieren, fühlen sich unnütz. Sie haben oft keine Struktur in ihrem Tag und lassen sich treiben.

> **Zitat**
>
> *Rennt dem scheuen Glücke nach!*
> *Freunde, rennt euch alt und schwach!*
> *Ich nehm teil an eurer Müh:*
> *Die Natur gebietet sie.*
> *Ich, damit ich auch was tu, –*
> *Seh euch in dem Lehnstuhl zu.*
>
> GOTTHOLD EPHRAIM LESSING

Voraussetzung ist allerdings, dass Sie wenigstens ein gutes Arbeitsklima haben und sich für das, was Sie leisten, anerkannt fühlen.

Flow

Kennen Sie »Flow«? Nein?

Doch, wahrscheinlich schon. Sie haben nur bisher nicht gewusst, dass man das, was Sie in dem Moment empfunden haben, so nennt.

Nehmen wir eine ganz normale Alltagssituation. Sie müssen dringend weg zu einem Termin. Und Ihr Kind wollten Sie auf dem Weg bei der Babysitterin abliefern. Aber Ihr Kind bastelt gerade. Sie bitten also Ihr Kind, sich fertig zu machen, denn Sie müssen los. »Ja...«, sagt das Kind und bastelt unbeeindruckt weiter, und irgendwie haben Sie das Gefühl, »ja…« sei gleichbedeutend mit »ich höre gar nicht zu«. Sie wiederholen Ihre Bitte, dreimal mindestens, Ihr Ton wird dabei nicht direkt freundlicher. Aber Ihr Kind bleibt in immer derselben Tonlage bei seinem »ja…«. Und bewegt sich keinen Zentimeter von seiner Bastelei weg.

Ihr Kind ist im »Flow«. Es ist völlig hingegeben an das, was es gerade macht. Es vergisst Zeit, Hausaufgaben und elterliche Termine. Und das Gemeine daran: Ihr Kind ist glücklich. Aus diesem Glück reißen Sie es jetzt heraus: mit Ihrer lästigen Bitte, mit dem Basteln aufzuhören und zur Babysitterin zu fahren.

Achtung

Eine Art von Spielen, bei denen sich die Hersteller die Erkenntnisse der Forschung zum Flow gezielt zunutze machen, sind Computerspiele. Wer da nicht aufpasst, verbringt viele Stunden seines Tages vorm Computer. Und ob das so sinnvoll ist und ob das vor allem langfristig glücklich macht, sei dahingestellt.

Dieses Gefühl haben Sie bestimmt auch schon erlebt. Diese völlige Hingabe an etwas, das Sie gerade machen. Es ist dabei völlig unerheblich, ob Sie handarbeiten, das Beet bepflanzen oder sich auf dem Trainingsrad abmühen. Wichtig ist, dass Sie in Ihrer Tätigkeit aufgehen.

Der in den USA lebende Psychologe Mihaly Csikszentmihalyi hat diesem Zustand den Namen »Flow« gegeben. Auf Deutsch wird das Wort gerne mit »Schaffensrausch« übersetzt. Aber der Ausdruck trifft es nicht ganz, denn »Flow« ist kein kurzes, rauschhaften Empfinden, sondern entsteht nur, wenn wir uns eine Weile in etwas vertiefen.

Warum genau der Flow bei uns Glücksgefühle auslöst, ist noch nicht völlig erforscht. Man nimmt aber an, dass dabei vom Gehirn der Neurotransmitter Dopamin ausgeschüttet wird, eines jener Hormone, die für gute Gefühle sorgen.
Eines ist allerdings wichtig: Es geht beim Flow immer darum, etwas zu tun. Entspannen und Nichtstun mögen auch sehr schön sein, führen aber nicht zum Flow. Mihaly Csikszentmihalyi hat eine ganze Reihe von Voraussetzungen zusammengestellt, die nötig sind, um dieses Gefühl zu erreichen.

Wie wir Flow erreichen können

Die Tätigkeit, die uns direkt in den Flow bringen kann, muss:

- für uns mit einem Ziel verbunden sein, von dem wir genau wissen, wie wir es erreichen können. Das heißt auch, dass wir sofort merken, wenn uns das, was wir tun, gelingt.
- so beschaffen sein, dass wir uns völlig darauf konzentrieren können. Das heißt, wir sind nicht abgelenkt und lassen uns auch nicht ablenken. Und wir stellen das, was wir gerade machen, nicht infrage.
- uns weder unter- noch überfordern.
- Diese drei Voraussetzungen müssen gegeben sein, sonst entsteht kein Flow.

Nun folgen noch einige Zusatzaspekte, die erfüllt sein können, die aber nicht zwingend notwendig sind.

- Wir haben das Gefühl, unsere Tätigkeit unter Kontrolle zu haben. Entscheidend an diesem Punkt ist, dass wir sie nicht unbedingt tatsächlich unter Kontrolle haben müssen, wir müssen aber davon überzeugt sein, dass es so ist.
- Die Tätigkeit bereitet uns keine Mühe und führt dazu, dass wir unsere Sorge um uns selbst dabei vergessen.
- Wir verlieren dabei unser Zeitgefühl.

Flow steigert unser Glücksempfinden. Allerdings, und das unterscheidet ihn etwa von der Meditation, ist Flow keine »Technik«, die sich erlernen lässt. Im Gegenteil: Flow entsteht spielerisch, mehr nebenher, indem man macht, was man gerne machen möchte, ohne auf irgendeinen Erfolg zu schauen. Insofern kann man Flow nicht lernen wie etwa Meditation. Man kann ihn nur erleben.

Interessant ist übrigens vor allem der Schwierigkeitsgrad unserer Tätigkeit: Wenn wir nämlich eine Aufgabe erfolgreich bewältigt haben, schüttet unser Körper zur Belohnung eben jenes Dopamin aus, das für unser Glücksempfinden so wichtig ist. Ist die Aufgabe zu schwer, bewältigen wir sie nicht. Pech gehabt. Kein Dopamin. Ist sie aber zu leicht, tritt das Gefühl der Belohnung nicht ein. Auch Pech gehabt. Auch kein Dopamin.

Zitat

»Verbringe jeden Tag einige Zeit mit Dir selbst.«

DALAI LAMA

Glückstipp

Finden Sie heraus, welche Tätigkeiten Sie in das Gefühl des Flow versetzen, und nehmen Sie sich immer wieder Zeit für diese Tätigkeiten.

Freizeitaktivitäten

Eng mit dem Flow verbunden, wenn auch nicht identisch, sind all die Dinge, mit denen wir uns in unserer Freizeit gerne beschäftigen.

Denn da tun wir in aller Regel genau das, womit wir unsere Fähigkeiten am besten entfalten können.

?! Quiz

Was meinen Sie, welche der folgenden Tätigkeiten ist führend bei den Freizeitaktivitäten?

a. Kochen   b. Lesen   c. Tanzen

Antwort c) ist richtig. Tanzen ist Umfragen zufolge absolut führend bei unseren Freizeitaktivitäten. Das liegt vermutlich daran, dass wir beim Tanzen Bewegung, Musik und Berührungen verbinden.

Sie haben es gelesen. **Tanzen** ist die Freizeitbeschäftigung, die uns das größte Glücksgefühl beschert. An zweiter Stelle folgt gleich etwas, womit Sie wahrscheinlich ebenso wenig gerechnet haben wie mit dem Tanzen: das **(ehrenamtliche) Engagement**. Anderen zu helfen, sich in einer Gruppe für ein gemeinsames Anliegen einzusetzen, wie etwa Tier- oder Umweltschutz, das verschafft uns großes Glücksgefühl.

Auch das **Erlernen eines Musikinstruments** macht Umfragen zufolge glücklich. Und ebenso erfüllt es uns, wenn wir uns einer **religiösen** oder anderweitig **spirituellen Gruppe** anschließen. Einer weiteren Freizeitaktivität, dem Sport, widmen wir einen eigenen Abschnitt, deshalb können wir den hier getrost vernachlässigen.

Und wissen Sie auch, was uns gar nicht richtig glücklich macht?

Wahrscheinlich wissen Sie es. Aber Sie wollen es vielleicht nicht so genau wissen. Weil es auch zu Ihren Lieblingsbeschäftigungen nach Feierabend gehört?

Richtig. Es ist es das Fernsehen.

Natürlich steht es dem Glücksgefühl nicht im Weg, wenn man täglich die Nachrichten schaut oder gelegentlich Filme ansieht, die man sich vorher aus dem Programm ausgesucht hatte.

Aber leider schauen viele Menschen nicht in dieser Weise fern. Das heißt, sie konsumieren das Fernsehen nicht bewusst, sondern sie schalten den Apparat ein. Irgendwas läuft da schon. Und wenn auf dem einen Programm nichts läuft, dann eben auf dem nächsten.

Achtung

Passive Freizeitbeschäftigungen wie Fernsehen oder Ausruhen sind sicher ab und zu sehr entspannend. Auf die Dauer erhöhen sie aber nicht unser Glücksempfinden.

Das ist aber nicht bewusstes Fernsehen. Und das macht auch nicht glücklich.

Denn beim täglichen In-die-Flimmerkiste-schauen-egal-was-läuft erfüllen wir eben gerade die wesentlichste Bedingung nicht, die für unser Glücksempfinden notwendig ist: Wir sind nicht aktiv. Wir konsumieren passiv.

Und das schüttet keine Glückshormone aus. Zumindest nicht, wenn das Fernsehen zur Gewohnheit geworden ist, weil uns sonst nichts einfällt, mit dem wir uns beschäftigen können.

Mit dem Fernsehen ist es wie mit Schokolade: Ein Riegel ab und zu ist schön. Den genießen wir. Bei einer Tafel pro Tag geht es mehr darum, die Sucht nach Zucker und Fett zufriedenzustellen. Und selbst wenn uns auch eine ganze Tafel noch schmecken sollte, gesund ist sie nicht. Und mit bewusstem Genuss hat sie auch nicht mehr viel zu tun.

Sport

Manche lieben ihn, viele hassen ihn. Und angeblich kommt die Begeisterung daran mit dem Tun. Angeblich. Eins aber dürften weder Befürworter noch Gegner bestreiten: Sport ist gesund.

Zunächst mal für die Figur. Dann für die allgemeine Fitness. Und nicht zuletzt – und in unserem Zusammenhang am allerwichtigsten – auch fürs seelische Wohlbefinden. Denn beim Sport wird Serotonin freigesetzt, das Hormon, das für mehr Ausgeglichenheit sorgt und stimmungsaufhellend wirkt. Viele Antidepressiva wirken gerade dadurch, dass sie den Serotoninspiegel erhöhen.

> **Info**
>
> Egal, für welchen Sport Sie sich entscheiden, er sollte fordern, aber nicht überfordern!

Beim Sport kommt allerdings noch ein weiterer Effekt dazu: Wenn wir uns körperlich anstrengen, sind wir nachher meist auch sehr zufrieden. Das liegt an den Endorphinen, die bei Bewegung ausgeschüttet werden.

Bei leichten Formen von Depression wird deshalb auch dazu geraten, dreimal pro Woche eine halbe Stunde Ausdauersport zu treiben. Das kann den Einsatz von Antidepressiva überflüssig werden lassen.

Und wenn Sport sogar als Mittel gegen Depressionen verordnet wird, dann verbessert er erst recht das Glücksempfinden von seelisch gesunden Menschen.

Hier in aller Kürze die Vorteile des regelmäßigen Sports, wie sie zahlreiche Studien in Europa und den USA erwiesen haben.

Sport:

- steigert das Wohlgefühl.
- steigert das Selbstvertrauen.
- hilft, Angst abzubauen.
- wirkt gegen Niedergeschlagenheit und leichte Depressionen.

Achtung

Die Motivationskurve überlisten!

In den allerersten Tagen des selbst verordneten Bewegungsprogramms ist die Begeisterung meist noch groß: Immerhin versuchen Sie sich gerade an etwas Neuem. Aber dann kommt der Knick: Immerhin ist das ganz schön anstrengend! Wenn Sie jetzt auf diese innere Nörgelstimme hören, war es das auch schon wieder mit dem Sport. Lassen Sie sie dagegen unbeachtet vor sich hin nörgeln und bleiben beim Sport, wird sie innerhalb von ungefähr drei Wochen ganz von allein immer leiser. So lange ungefähr dauert es nämlich, bis der Körper sich nicht nur an den Sport gewöhnt hat, sondern ihn regelrecht einfordert.

Dabei ist es eigentlich egal, welchen Sport Sie treiben, solange er Ihnen genug Spaß macht, um konsequent dabeizubleiben.

Ist Ihr Antrieb geweckt? Wenn nicht, dann haben wir hier noch ein weiteres Argument: Wer regelmäßig Sport treibt, ernährt sich meist auch gesünder und kann sogar mit einer so lästigen Sucht wie dem Rauchen leichter aufhören.

Achtsamkeit

Bevor wir mit unseren ausführlichen Erklärungen zu diesem Thema beginnen, eine kleine Übung für Sie:

An nichts denken

Setzen Sie sich bequem hin und versuchen Sie, einmal fünf Minuten lang an nichts zu denken.

Das war's. Einfach dasitzen und fünf Minuten lang an gar nichts denken.

Und? Hat wunderbar geklappt, nicht wahr?
Hat es nicht? Sie wollen ernsthaft sagen, es wäre Ihnen nicht gelungen, mal fünf Minuten lang an gar nichts zu denken? Nicht einmal für fünf Minuten? Dabei wollten Sie doch bestimmt ohnehin schon länger mal eine Pause einlegen.
Na schön, um Sie nicht weiter aus dem Konzept zu bringen: Es ist verdammt schwierig, an nichts zu denken. Erst recht, wenn man das ohne jede Übung fünf Minuten lang durchhalten soll.
Und, werden Sie nun vielleicht fragen, warum soll man das überhaupt tun?
Weil dieses Nicht-Denken Teil einer Fertigkeit aus dem südostasiatischen Raum ist, deren Wert in der westlichen Medizin und Psychologie zunehmend entdeckt wird: der Achtsamkeit. »Achtsamkeit« meint hier aber nicht einfach nur Aufmerksamkeit. Vielmehr ist damit eine bestimmte Art der Aufmerksamkeit gemeint:

Wir sollen unsere Gefühle und Gedanken zwar bemerken, sie aber nicht bewerten.
Das war jetzt sozusagen die Zusammenfassung, die ausführliche Erklärung folgt etwas später.
Geprägt wurde der Begriff der »Achtsamkeit« vor allem durch den amerikanischen Molekularbiologen und Gründer der »Stress Reduction Clinic« an der Universität von Massachusetts, Jon Kabat-Zinn. Er machte die Beobachtung, dass regelmäßige Meditation sowohl Stress als auch chronische Schmerzen und Angstgefühle reduzieren hilft. Und Stressminderung trägt ganz erheblich zu unserem Glücksgefühl bei.
Es geht dabei aber auch noch um etwas anderes, nämlich darum, das Glück des Augenblicks erleben zu lernen.
Um zu wissen, wie man Achtsamkeit im Leben umsetzt, müssen wir erst einmal unterscheiden zwischen zwei Praktiken der Achtsamkeit, nämlich der formellen und der informellen.

Die formelle Praxis

Die »formelle« Achtsamkeitspraxis ist die Meditation. Wir können Ihnen hier leider keinen Kurs in Meditationspraxis anbieten, meditieren sollte man ohnehin besser unter Anleitung lernen (Adressen dazu finden Sie im Anhang). Aber wenn Sie schon einmal anfangen möchten, dann versuchen Sie die folgende Übung. Sie ähnelt der ersten vom Anfang unseres Kapitels, allerdings mit einem kleinen, wesentlichen Unterschied.

Meditationsübung

Setzen Sie sich für diese Übung am besten auf einen Stuhl. Sich hinzulegen ist weniger ratsam, denn dabei könnten Sie einschlafen. Nun halten Sie die Augen halb geschlossen. Und atmen Sie ein und aus. Denken Sie beim Einatmen ans Einatmen und beim Ausatmen ans Ausatmen. Bei jedem Atemzug aufs Neue.

Machen Sie diese Übung am Anfang nur fünf Minuten lang. Auch jetzt werden Sie wieder bemerken, wie schwierig es ist, fünf Minuten lang nur an etwas so Banales wie das Ein- und Ausatmen zu denken. Aber genau darauf kommt es bei dieser Übung an. Die Aufmerksamkeit auf den Atem zu richten ist hier als Hilfestellung zu verstehen, denn so dürfen Sie immerhin an irgendetwas denken. Das ist immer noch einfacher, als an gar nichts zu denken.

Und selbst dabei werden Sie feststellen, dass Ihre Gedanken abschweifen: Sie dürfen den Termin beim Steuerberater morgen auf gar keinen Fall vergessen, Ihr Kind schreibt in drei Tagen eine Arbeit in Mathe, für die Sie noch mit ihm üben müssen … Und wahrscheinlich wird die Nachbarin auch heute Abend ihre Musik wieder so laut aufdrehen. Seit einer Woche führen Sie da schon einen völlig erfolglosen Kampf um mehr Ruhe. Reden hilft bei so jemandem ja nichts …

Und schon sind Sie drin in Ihrem Alltag. Der Stress hat Sie zurück. Schlimmer noch: Der Ärger hat Sie zurück. Machen können Sie gegen beides nichts. Zum Steuerberater müssen Sie, das Kind braucht Lernhilfe, und mit der Nachbarin werden Sie wahrscheinlich auch heute nicht verhandeln können.

Aber eins können Sie tun: Die Gedanken an Steuerberater und Mathearbeit immer wieder vorbeiziehen lassen und zurückgehen zum Ein- und Ausatmen. Den Ärger über die Nachbarin zwar registrieren, sich aber nicht aufregen, sondern wieder zum Ein- und Ausatmen zurückgehen.

Das ist, in Kurzfassung, Meditation. Oder eher: eine Form der Meditation. Zu spiritueller Erleuchtung führt sie in dieser Form noch nicht. Wohl aber zum Stressabbau. Wenn man regelmäßig übt.

Zitat

»Die eigentlichen Geheimnisse auf dem Weg zum Glück sind Entschlossenheit, Anstrengung und Zeit.«

Dalai Lama

Denn das ist das Schöne daran: Auch mit der Technik der achtsamkeitsbasierten Meditation können Sie Ihr Gehirn allmählich verändern. Sie werden es schon gemerkt haben, wir sind wieder bei der Neuroplastizität.

Wer regelmäßig meditiert, hat weniger Stresshormone im Blut. Das ist neben der Ausgeglichenheit, die wir dadurch erreichen, auch gut fürs Immunsystem. Denn weniger Stress bedeutet eine geringere Anfälligkeit für Infekte. Und wenn wir tatsächlich mit der Zeit lernen, unsere Gefühle zunächst einmal nur zu beobachten, sie aber nicht mehr Besitz von uns ergreifen zu lassen, dann

Info

Menschen, die regelmäßig meditieren, überwinden die Angst, die sich oft nach einem Schreck aufbaut, deutlich schneller als andere. Denn bei ihnen ist das linke Stirnhirn aktiver, jene Region, die neuen Forschungserkenntnissen zufolge schlechte Gefühle im Zaum halten kann.

heißt das auch, dass Wut, Angst oder Frustration nicht länger die Führung über uns haben. Wir »sehen« unsere Gefühle zwar vor unserem geistigen Auge, wir lassen uns aber nicht mehr so schnell in ihren Sog ziehen.
Einer der bekanntesten Lehrmeister des Buddhismus, der vietnamesische Zen-Mönch Thich Nhat Hanh, vergleicht unser Bewusstsein mit einem Feld, auf dem wir alle möglichen Samen aussäen: Samen für Wut, für Ärger, für Trauer, aber auch für Freude, Glück und Harmonie. Wir können uns, meint er, nun entscheiden, welche dieser Samen wir kultivieren möchten:

> *»In jedem einzelnen Moment, in dem wir etwas Friedvolles und Schönes wahrnehmen, bewässern wir den Samen für Frieden und Schönheit in uns. (...) Während derselben Zeit werden andere Samen wie Angst und Schmerz nicht bewässert.«*
>
> *Thich Nhat Hanh*

Das kommt Ihnen alles etwas zu weit hergeholt vor? Und überhaupt, Buddhismus ist im Moment in Mode, wer weiß, was einem da wieder alles weisgemacht wird?
Stimmt nicht. Denn kein Geringerer als das geistliche Oberhaupt der Tibeter, Tendzyn Gyatsho, besser bekannt als der 14. Dalai Lama, und einige der Mönche seines engsten Umfelds arbeiten immer wieder mit westlichen Neurologen zusammen.
Damit wird die Meditation ganz entschieden herausgeholt aus der Ecke von Selbstfindung oder gar – was sie nie war – Esoterik und zu einer Technik, die seelisches Leiden mindert

Zitat

»Ich glaube, dass Glück durch die Schulung des Geistes erlangt werden kann.«

Dalai Lama

und die innere Zufriedenheit steigert. Ein paar sehr interessante Buchtipps zu diesem Thema finden Sie im Anhang dieses Buches.

Tipps für die Meditationspraxis

Wenn Sie es einmal mit der Meditation versuchen möchten, haben wir hier ein paar praktische Tipps:

- Üben Sie regelmäßig, am besten täglich.
- Um sich am Anfang nicht zu überfordern, üben Sie nur kurz, fünf bis zehn Minuten genügen.
- Wichtig: Halten Sie die Zeit durch, auch wenn Sie sich rastlos fühlen und Ihnen zehn Dinge gleichzeitig einfallen, die Sie eigentlich erledigen müssten.
- Üben Sie in einer Umgebung, in der Sie sich wohlfühlen.
- Erwarten Sie sich nichts von der Meditation. Denn sie ist, so absurd es klingt, eine Praxis, die voraussetzt, dass wir nichts voraussetzen. Absichtslosigkeit ist hier das Stichwort.
- Seien Sie mit sich selbst geduldig.
- Bleiben Sie dabei, auch wenn Sie zunächst keinen »Erfolg« spüren. Bis Sie die ersten Auswirkungen spüren, dauert es mehrere Wochen.

Die informelle Praxis

»Formell« ist klar: Wir geben einer Übung einen gewissen formellen Rahmen und sorgen dafür, dass wir uns für diese Übung Tag für Tag Zeit nehmen. Aber was genau ist die »informelle« Praxis?

Lassen wir dazu wieder den buddhistischen Zen-Lehrer Thich Nhat Hanh zu Wort kommen:

> *»Ihr solltet Meditation üben beim Gehen, Stehen, Liegen, Sitzen und Arbeiten, beim Händewaschen, Abspülen, Kehren und Teetrinken, im Gespräch mit Freunden und bei allem, was ihr tut. Wenn ihr abwascht, denkt ihr vielleicht an den Tee danach und versucht es so schnell wie möglich hinter euch zu bringen, damit ihr euch setzen und Tee trinken könnt. Das bedeutet aber, dass ihr in der Zeit, wo ihr abwascht, nicht lebt. Wenn ihr abwascht, muss der Abwasch das Wichtigste in eurem Leben sein. Und wenn ihr Tee trinkt, dann muss das Teetrinken das Wichtigste auf der Welt sein.«*

Alles so weit verstanden? Im Grunde genommen ist es ganz einfach: Machen Sie immer nur das, was Sie gerade machen.
Wie Thich Nhat Hanh es uns lehrt: beim Abwaschen nur abwaschen, beim Zähneputzen nur Zähne putzen, beim Aufräumen nur aufräumen usw.

> **Zitat**
>
> *»Unsere Verabredung mit dem Leben findet immer im gegenwärtigen Augenblick statt. Und der Treffpunkt unserer Verabredung ist genau da, wo wir uns gerade befinden.«*
>
> THICH NHAT HANH

Aber haben Sie das schon mal versucht? Ganz ehrlich: Wie oft haben Sie schon beim Wäscheaufhängen Ihrem Kind die Vokabeln abgefragt? Ehe Sie Ihre ungeteilte Aufmerksamkeit etwas so Nebensächlichem wie der nassen Wäsche widmen, verbinden Sie doch lieber das Notwendige mit dem Praktischen, nicht wahr?

Das große Wort unserer Zeit heißt nämlich keineswegs »Achtsamkeit«, sondern »Multitasking«. Und das meint: so viele Dinge wie möglich parallel erledigen. Frauen sollen darin gerüchteweise noch besser sein als Männer.
Und es wäre auch wenig realitätsnah, wenn wir Ihnen raten würden, von nun an grundsätzlich immer alles nach dem Gebot der Achtsamkeit zu erledigen. Dazu haben Sie vermutlich zu viel zu tun.
Andererseits hat Achtsamkeit im Alltag auch ihre Vorteile:

- Wenn Sie nämlich etwa beim Wäscheaufhängen nur ganz genau das tun und auch Ihre Gedanken nicht zu anderen Dingen abschweifen lassen, geht es schneller! Das klingt paradox. Aber es ist so.
- Und noch etwas Erstaunliches geschieht: Die an sich ungeliebte Arbeit verliert ihren ungeliebten Charakter, wenn Sie sich klarmachen, dass Sie sie gerade in eine kleine Achtsamkeitsübung verwandelt haben.
- Der dritte Vorteil: Das Resultat wird besser. Das stimmt wirklich. Gut. Bei der Wäsche ist das eher unerheblich, die hängt auf der Leine und trocknet, schief oder gerade. Aber schon bei so etwas Lästigem wie dem Putzen merkt man nachher den Unterschied. Eine achtsam geputzte Fläche ist tatsächlich sauberer!

Nun noch ein weiterer Aspekt: Wenn Sie die Technik, Achtsamkeit im Alltag anzuwenden, einmal gelernt haben, dann ist sie eine große Hilfe bei wirklich belastenden Problemen. Denn mit dieser Technik lässt sich das Rasen der Gedanken abstellen. Sie überschlagen sich nicht mehr, sie überrollen uns nicht mehr. Wir nehmen diese Gedanken zur Kenntnis, gehen ihnen aber nicht nach, sondern widmen uns wieder ganz unserer oft banalen Alltagstätigkeit. Es dauert normalerweise nicht lange, bis die Sorge zwar nicht verschwunden ist, aber doch wenigstens etwas von ihrer Macht verloren hat. Die Sorgen brechen nicht mehr über uns zusammen, und mit ein bisschen Glück bauen sich auch die Katastrophenbilder, die schnell entstehen können, gar nicht erst auf.

> **Zitat**
>
> *»Wenn wir wirklich lebendig sind, ist alles, was wir tun oder spüren, ein Wunder. Achtsamkeit zu üben bedeutet, zum Leben im gegenwärtigen Augenblick zurückzukehren.«*
>
> *Thich Nhat Hanh*

Mit beiden Formen der Achtsamkeitsübungen darf man übrigens kein »Ziel« verfolgen. Man »erreicht« zwar im Laufe der Zeit etwas, aber man sollte es nicht anstreben, das steht dem absichtslosen Tun, wie wir es in der Achtsamkeit üben sollen, im Weg.

Doch auch absichtslos werden Sie feststellen, dass Sie auf diese Weise einen Blick bekommen für die Kleinigkeiten des Alltags. Sie werden vermutlich nicht gerade den Zauber des Hausputzens für sich entdecken. Aber Sie werden beginnen, Dinge bewusster wahrzunehmen. Und damit auch die schönen Dinge des Lebens. Die Intensität Ihrer Wahrnehmung wird auf diese Weise größer werden.

> **Tipp**
>
> Nehmen Sie sich täglich eine Alltagshandlung vor, Geschirrspülen, Wäscheaufhängen, Putzen ..., die Sie achtsam durchführen.

Ideal ist es natürlich, wenn Sie die formelle mit der informellen Achtsamkeitspraxis verbinden können, wenn Sie also Platz für Meditation und Achtsamkeit im Alltag finden. Sollte Ihnen aber für die ruhige Meditation ganz einfach die Zeit fehlen, versuchen Sie es wenigstens mit regelmäßigen Achtsamkeitsübungen. Das geht immer!

MBSR

Weiter oben haben wir die »Stress Reduction Clinic« an der Universität von Massachusetts und ihren langjährigen Leiter Jon Kabat-Zinn bereits erwähnt. Dort wurde Ende der Siebzigerjahre ein Programm entwickelt, das seither weltweit Schule macht: die »Mindfulness-Based Stress Reduction« (MBSR). Auf Deutsch heißt das in etwa »Stressbewältigung durch Achtsamkeit«. Damit ist ein insgesamt achtwöchiger Kurs gemeint, der den Teilnehmern unter anderem helfen soll, mit chronischen Schmerzen zurechtzukommen oder Stress und Angstgefühle abzubauen.
Zum Programm gehören:

- die Einübung achtsamer Körperwahrnehmung (Body Scan)
- Meditationen im Gehen
- Meditationen im Sitzen
- Körperübungen wie Yoga oder Qi Gong
- Übungen zur Aufrechterhaltung der Achtsamkeit im Alltag
- theoretische Schulungen.

In seinen Anfängen war dieses Programm für chronisch Kranke oder Menschen mit seelischen Leiden entwickelt worden. Mittlerweile ist man dahintergekommen, dass die MBSR so gut wie jedem hilft, seine Lebensqualität und damit auch sein Glücksempfinden zu steigern. Informationen zu Kursangeboten im deutschsprachigen Raum finden Sie im Anhang zu diesem Buch.

Merke

MBSR, »Mindfulness-Based Stress Reduction« ist ein achtwöchiger Kurs, in dem man sowohl Meditations- als auch Körperübungen für mehr Ausgeglichenheit erlernt.

Genießen

Kennen Sie den Zusammenhang zwischen Opium und Kuchen?

Zugegeben, der Zusammenhang besteht nur indirekt: Wenn wir Kuchen essen – besonders wenn es unser Lieblingskuchen ist –, werden im Körper Botenstoffe freigesetzt, die dem Opium ähneln: die Opioide, körpereigene Drogen sozusagen.

Opioide

Opioide sind sogenannte Neuropeptide, also Eiweißstoffe, die im Nervengewebe vorkommen. Es gibt endoene und synthetisch hergestellte. Die erste Gruppe stellt der Körper selbst her, die Opioide der zweiten Gruppe werden schon seit Jahrhunderten als hochwirksame

Schmerzmittel eingesetzt.
Zu den körpereigenen Opioiden gehören unter anderem die Endorphine, nämlich Morphine und Enkephaline, die beide wie Schmerzmittel wirken.
Unser Körper setzt sie unter anderem frei, um Stress abzubauen oder Schmerzen zu lindern. Aber auch Sport, Akupunktur oder verschiedene Genüsse können Opioide freisetzen.
Und noch eine weitere Gruppe Opioide ist bekannt: die Dynmorphine. Die sorgen allerdings keineswegs für Wohlgefühl. Im Gegenteil. Werden sie freigesetzt, entstehen Gefühle des Ekels und des Abscheus.

Es gibt viele Arten von Genuss. Wir beginnen mit dem des **Essens**. Bei dieser Gelegenheit aber gleich eine kleine Zusatzinformation: Wer sein Essen genießen möchte, sollte es nicht hinunterschlingen. Erstens isst man dann oft deutlich mehr, als man braucht, zweitens kommt beim Schlingen gerade der Genuss wieder zu kurz. Denn dann hat man keine Gelegenheit, den Geschmack des Essens ausführlich zu ergründen.
Aber auch körperliche **Berührung** kann großen Genuss bereiten. Nehmen Sie nur einmal die Wellness-Massage. Übrigens sind Berührungen nicht nur schön, sondern auch wichtig, um ein Gefühl der Geborgenheit zu bekommen. Babys, die nie in den Arm genommen werden, verkümmern seelisch. Sogar bei Babys, die viel zu früh geboren werden und deshalb die ersten Wochen ihres Lebens unter höchst sterilen Bedingungen leben müssen, sorgt man inzwischen auf den Frühgeborenenstationen dafür, dass ihre Eltern und das Pflegepersonal sie immer wieder vorsichtig berühren dürfen oder sogar müssen.

Große Glücksgefühle können wir auch erleben, wenn wir **Musik** hören oder selbst musizieren. Die Stilrichtung der Musik ist dabei prinzipiell egal. Es könnte aber durchaus etwas an der Hypothese dran sein, dass die Kompositionen des Barock oder der Wiener Klassik – mit den Werken von Mozart und Haydn – bei uns ein größeres Gefühl von Harmonie auslösen als etwa Heavy Metal oder die Zwölftonmusik. An sich ist es aber gleichgültig, welche Musik wir hören. Solange wir dieses vertraute Wohlgefühl wahrnehmen, das nur unsere ganz besondere Lieblingsmusik erzeugen kann, machen wir es richtig.

Essen, Berührungen, Musik – das sind nur einige Beispiele dafür, wie wir uns glücklich fühlen können. Man kann es aber auch

Info

Musik kann unsere gegenwärtige Stimmung nicht nur verstärken, sondern auch verändern. Untersuchungen haben ergeben, dass Testpersonen, denen man besonders düstere, deprimierende Musik vorspielte, sofort trübsinniger wurden.

Achtung

Zu viel ist auch schlecht

Viele kleine Glücksmomente führen dazu, dass wir uns insgesamt zufriedener fühlen. Aber: Wir dürfen diesen kleinen Glücksmomenten nicht hinterherjagen. Negative Beispiele für diese Art von Jagd sind die Kauf- und die Sexsucht. Sich ab und zu etwas Neues zu kaufen, kann sehr glücklich machen, auch der kurze Moment der Euphorie ist wunderbar. Dasselbe gilt für das rauschhafte Gefühl, das sich beim Sex einstellen kann. Beides sollte aber nicht zum Selbstzweck werden. Jeden Tag drei Einkäufe, um die Laune zu heben, nennt man auch »Frustkäufe«, die Sexsucht eines Don Juan kommt eher dem Potenzzwang nahe als einer erfüllenden Sexualität.

genießen, sich in der Arbeitspause mit einem Kaffee zehn Minuten lang zurückzuziehen. Oder das Blumenbeet neu zu bepflanzen und das Werk später jedes Mal zu bewundern, wenn man draußen im Garten sitzt.
Unseren Tag zum einen ganz bewusst mit mehreren dieser kleinen Glücksmomente zu füllen und gleichzeitig das Empfinden für diese Glücksmomente zu schulen, das sorgt dafür, dass wir uns insgesamt glücklicher fühlen.
Wer diesen Blick noch nicht entwickelt hat, kann zu Anfang das bereits erwähnte »Glückstagebuch« führen.

Kapitel 4 –

Und noch mehr Glück

Die richtige Zeiteinteilung

Kennen Sie diese Menschen, die immer erst gehen, wenn der Gastgeber schon mal anfängt, das Geschirr abzuspülen? Das ist dann kein Problem, wenn Sie der beste Freund des Gastgebers sind, ihm dabei helfen und Sie beide anschließend noch mal wunderbar über alle anderen Gäste lästern können. Schließlich sind die ja schon weg.

Das kann aber auch fies danebengehen. Dann nämlich, wenn ein Fest so richtig schön war und spätabends noch Herbert auftaucht. Den konnten Sie noch nie leiden. Er Sie auch nicht. Und er kommt sofort zielstrebig auf Sie zu und fragt, ob Sie zu Hause nicht dringend noch etwas zu erledigen hätten. Nachts um halb zwölf haben Sie das natürlich nicht. Aber Herbert hat damit eines geschafft: Ihnen den ganzen Abend zu versauen. Tatsächlich den ganzen! Denn dieser letzte Moment wird Ihren Gesamteindruck der Feier prägen. So, als unangenehm, werden Sie sie in Erinnerung behalten. Da ist es völlig unerheblich, dass Sie dreieinhalb Stunden lang lauter nette Menschen getroffen und sich mit ihnen wunderbar unterhalten haben.

Tatsächlich errechnet unser Hirn aus dem Höhepunkt eines Ereignisses und seinem Ende die sogenannte Peak-end-rule:

Je schneller nach dem gelungenen Höhepunkt das Ende folgt, umso positiver haben wir das Ereignis in Erinnerung. Und das heißt: Wir speichern es als glückliches Ereignis. Und bei der nächsten Einladung werden wir vermutlich wieder hingehen.

> **Glückstipp**
>
> Gehen Sie, wenn es am schönsten ist! Noch schöner wird es nämlich nicht, und auf diese Weise sichern Sie sich die schönste Erinnerung.

Wut hilft nicht

Kennen Sie das Dogma vom reinigenden Wutanfall oder von den heilsamen Tränen? Mal so richtig herumzuwüten, wenn man sich geärgert hat, soll angeblich helfen, die Wut abzubauen. Und sich durch den Liebeskummer zu heulen baue ihn ab.

Gut, wenn Sie mit durchgeheulten Nächten positive Erfahrungen gemacht haben, können Sie das beim nächsten Liebeskummer ja wieder so machen. Aber wahrscheinlich ginge der Liebeskummer auch anders vorbei.

Was die Wutausbrüche betrifft, würden wir Ihnen davon jedoch abraten: Sie

> **Glückstipp**
>
> Grundsätzliche Konflikte an- und auszusprechen ist sinnvoll. Aber ansonsten gilt: Behalten Sie Ihre schlechte Laune besser für sich. Sie steigern sich nur noch mehr hinein, wenn Sie sie anderen zeigen. Mal ganz davon abgesehen, dass die meisten Menschen nicht sonderlich scharf darauf sein dürften, Ihre schlechte Laune live mitzuerleben.

verbreiten nur noch mehr schlechte Stimmung. Und Türen können vom Zuknallen zudem kaputtgehen.
Die Wissenschaft ist ohnehin längst einen Schritt weiter: Unser Kopf ähnelt nicht einem Dampfkessel, aus dem man bei großem Ärger sicherheitshalber den Druck ablässt. Im Gegenteil: Mit Wutausbrüchen steigern wir uns nur noch mehr in den Frust hinein, mit Weinen bestätigen wir uns nur ein weiteres Mal darin, wie schlecht es uns geht.

Realistische Erwartungen

Vor einem Examen damit zu rechnen, dass Sie ohnehin durchfallen, wäre Pessimismus. Zwar hat diese Einstellung, wenn Sie tatsächlich durchfallen, den Vorteil, dass Sie es ja kommen sahen. Die Frustration hält sich also in Grenzen. Andererseits mobilisieren Sie mit dieser Erwartung keine Kräfte. Und fürs Examen zu lernen erübrigt sich mit so einer Haltung eigentlich auch. Wo das doch ohnehin nichts nützt …

Zitat

Glückspilz
Geboren ward er ohne Wehen
Bei Leuten, die mit Geld versehen.
Er schwänzt die Schule, lernt nicht viel,
Hat Glück bei Weibern und im Spiel,
Nimmt eine Frau sich, eine schöne,
Erzeugt mit ihr zwei kluge Söhne,
Hat Appetit, kriegt einen Bauch,
Und einen Orden kriegt er auch,
Und stirbt, nachdem er aufgespeichert
Ein paar Milliönchen, hochbetagt;
Obgleich ein jeder weiß und sagt:
Er war mit Dummerjahn geräuchert!

Wilhelm Busch

Das genaue Gegenteil des Pessimismus wäre nun aber nicht der Optimismus, sondern die überhöhte Erwartung. Etwa so: Natürlich werden Sie mit Bestnote abschließen. Mit Auszeichnung. Wie sonst? Think big!

Auch das ist so nicht sinnvoll. Denn wenn Sie nicht vorher schon erfahren haben, dass Sie schlicht unschlagbar sind, programmieren Sie mit dieser Erwartung die Enttäuschung gleich vor.

Des Rätsels Lösung liegt in der Mitte: Sie wissen selbst am besten, wie gut Sie bisher waren, wie viel Sie gelernt haben, ob Sie in Prüfungen normalerweise vor Aufregung nur halbe Sätze hervorbringen oder ob Sie nur so drauflossprudeln.

Glückstipp

Schätzen Sie sich realistisch ein. Gehen Sie ruhig davon aus, dass es gut laufen wird. Das motiviert und stimmt Sie optimistisch auf das vor Ihnen Liegende ein. Und diese Motivation setzt wiederum ungeahnte Fähigkeiten frei. Der oder die Beste müssen Sie nicht werden. Nur so gut, wie es in Ihren Möglichkeiten liegt.

Lachen

Lachen ist gesund, das ist nichts Neues. Vielleicht gehen wir deshalb gerne in Komödien und sind Comedy-Shows derzeit so beliebt. Aber können Sie die nachfolgende Frage richtig beantworten?

?! Quiz

Kinder lachen ungefähr 400 Mal am Tag. Bei Erwachsenen reduziert sich diese Zahl. Sie lachen nur noch

a. **200 Mal am Tag** b. **50 Mal am Tag** c. **15 Mal am Tag**

Auch wenn Sie das nun vielleicht selbst überrascht: Antwort c) ist richtig. Erwachsene lachen nur noch ungefähr 15 Mal am Tag.

Haben Sie die Antwort gewusst, geahnt oder erraten? Vermutlich nicht. Aber es ist nicht nur schade, dass uns im Laufe der Zeit das Lachen vergeht. Denn beim Lachen …

- … steigt die Sauerstoffproduktion im Gehirn.
- … werden Glückshormone und schmerzstillende körpereigene Substanzen freigesetzt.
- … wird Stress abgebaut, wodurch der Schlaf besser und erholsamer wird.
- … wird aufgrund der Massage des Magen-Darm-Bereichs durch das Zwerchfell die Verdauung angeregt.
- … wird der Kreislauf aktiviert.
- … wird die Immunabwehr gestärkt.

Nun können wir uns Lachen natürlich nicht einfach verordnen, und wir können uns auch mit viel Disziplin nicht zur angeratenen täglichen Dosis Lachen zwingen.

Glückstipp

Achten Sie einmal darauf, wo und zu welchen Anlässen Sie lachen. Und noch wichtiger: Achten Sie darauf, wann Sie auf Dinge mit Humor anstatt mit Ärger reagieren könnten. Und tun Sie das!

Ein bisschen aber können wir tun: nämlich die Dinge nicht immer ganz so ernst nehmen. Manchmal hilft es schon, sich über die freche Antwort unseres Kindes zu amüsieren, statt sich über die missglückte Erziehung zu ärgern. Lachen und Humor helfen in solchen Momenten, Abstand herzustellen zwischen uns und dem Anlass unseres Ärgers. Auch Selbstironie kann manchmal ganz hilfreich sein, damit wir uns etwas weniger ernst nehmen. Und wem das alles nicht gelingt: Ruhig ab und zu mal eine Komödie im Theater oder Kino anschauen!

Info

Wussten Sie schon, dass es 19 Formen des Lächelns gibt? Und nur eine davon ist ein »echtes« Lächeln. Nutzlos sind die anderen 18 aber trotzdem nicht. Denn auch wenn wir ab und zu nur der Form halber lächeln, tragen wir damit dazu bei, dass die Stimmung zwischen uns und unseren Mitmenschen so gut wie möglich bleibt. Übrigens: Ein »echtes« Lächeln vorzutäuschen gelingt nur etwa zehn Prozent aller Menschen.

Wechseln Sie ab

Schokoladentorte ist toll. Filetsteak auch. Beides ständig zu essen ist nicht mehr toll. Sondern langweilig. Und das hat einen ganz einfachen Grund: Wenn wir etwas Schönes bekommen, wollen wir es wieder haben. Aber es dauert nicht lange, und wir haben uns daran gewöhnt. Das heißt: Wir wollen dann zwar wieder Schokoladentorte, aber die muss künftig in irgendeiner Weise »mehr« bieten als bisher. Dabei wissen wir gar nicht genau, wie dieses Mehr eigentlich aus-

sehen soll. Und weil es so ein Mehr bei Schokoladentorte auch gar nicht gibt, wird sie für uns langweilig.
Außerdem kommt noch ein zweiter Grund hinzu: Wenn etwas schön war – beispielsweise ein Abend mit einem Konzertbesuch und anschließendem Besuch in einem Restaurant –, dann wollen wir das ganz genau so noch einmal haben. Aber auch »ganz genau so« wird es diesen Abend nicht noch ein zweites Mal geben. Versuchen wir also eine Wiederholung, sind wir zwangsläufig enttäuscht. Der Trick: Beim nächsten Mal ins Kino gehen, beim übernächsten ins Theater. Und erst danach wieder ins Konzert. Dann haben wir den ersten, perfekten Konzertabend nicht mehr ganz so genau in Erinnerung, und uns gefällt der nächste auch wieder.
Andererseits scheuen wir uns oft davor, neue Erfahrungen zu machen. Das Gericht, das wir jetzt drei Mal in diesem Restaurant hatten, war immer sehr gut, wer weiß, ob ein anderes nicht viel weniger gut schmeckt, und dann haben wir die Chance für diesen Abend vertan.
Es gibt also unterschiedliche Menschentypen: Die einen greifen immer wieder auf das Vertraute zurück, weil es ihnen Sicherheit gibt. Die anderen sind ganz verrückt darauf, ständig Neues auszuprobieren. Zwar kann man in diesem Punkt nicht ganz aus seiner Haut. Aber auch den Vorsichtigen rät die Glücksforschung:

Glückstipp

Probieren Sie immer mal wieder etwas Neues aus. Wenn Sie eher zu den Menschen gehören, die auf Altvertrautes setzen, dann wechseln Sie Neues und Altes ab. Aber nehmen Sie ab und zu neue Erfahrungen in Ihr Repertoire auf.

Das Problem mit dem Überangebot

Diese Situation kennen Sie wahrscheinlich, zumindest wenn Sie eine Frau sind, denn die meisten Männer haben damit weniger Probleme:

Sie möchten eine neue Hose kaufen und gehen in eine dieser praktischen Shopping-Malls am Stadtrand. Da gibt es Dutzende von Geschäften und Dutzende von Marken.

Die Hose im ersten Geschäft passt eigentlich gar nicht so schlecht. Aber sicherheitshalber wollen Sie woanders noch ein paar andere anprobieren … Das vorhersehbare Ergebnis: Nach vier Geschäften und ungefähr zwanzig Hosen haben Sie keine Lust mehr und gehen erst mal einen Kaffee trinken. Die eine Hose hat in der Taille gut gepasst, aber die Beine kamen darin nicht optimal zur Geltung. Die zweite sah wahnsinnig gut aus, Sie hatten eine Figur wie Kleidergröße 36. Aber die war so schrecklich unbequem. Bei der dritten war der Farbton nicht so, wie Sie sich das vorgestellt hatten, die vierte ist bequem, die Beine sehen gut aus, Taille auch. Aber Sie müssten sie in der Länge erst noch kürzen lassen. Wenn Sie halbwegs entscheidungsfreudig sind, gehen Sie jetzt und kaufen Hose Nummer eins. Die war nicht optimal, aber ganz gut. Wenn Sie nicht entscheidungsfreudig sind, fahren Sie unverrichteter Dinge wieder nach Hause und sind frustriert.

Beim Hosenkauf mag das noch halbwegs funktionieren. Aber es gibt auch Menschen, die sind ähnlich entscheidungsunfreudig bei der Partnerwahl, bei der Suche nach der idealen Wohnung, dem hundertprozentig auf sie zugeschnittenen Job. So etwas macht auf die Dauer unglücklich.

Info

Halten Sie sich nicht zu lange mit Entscheidungen auf, wägen Sie nicht ständig zwischen viel zu vielen Alternativen ab. Oft ist es besser, die zweitbeste Wahl zu treffen als gar keine.

Nachwort –

Viel Glück!

Das war's. Wir sind am Ende unseres Streifzugs durch die Glücksforschung und ihre Ratschläge für ein glückliches Leben angekommen.

Sie werden es sicher gemerkt haben: Es gibt nicht den »einen« Weg zum Glück. Es gibt viele verschiedene. Um zu mehr Glück oder, wie wir jetzt eigentlich sagen sollten: zu mehr innerer Zufriedenheit zu gelangen, ist es sicher gut, manche dieser Wege parallel zu gehen. Vielleicht haben Sie ja sofort einige entdeckt, die genau für Sie passen.

Eines möchten wir Ihnen zum Abschluss noch mitgeben. Wieder einmal kommt hier der amerikanische Wissenschaftler Martin Seligman zu Wort: Besonders viele Glücksgefühle erleben nämlich seinen Forschungsergebnissen zufolge diejenigen Menschen, die ihre Stärken am besten entfalten. Auch das mag für viele von uns ein völlig neuer Gedankengang sein. Bisher hatten wir gelernt, dass wir uns besonders mit dem beschäftigen müssen, was wir noch nicht können. Das fängt schon in der Schule an: Wenn wir Mathe nicht gut können, uns aber wunderschöne Deutschaufsätze gelingen, dann sollen wir … Mathe lernen. Sagen die Lehrer.

Falsch, sagt die Glücksforschung. Davon werden wir nämlich in Mathe nicht unbedingt viel besser. Und während wir uns mit etwas beschäftigen, das uns wahrscheinlich nie in die Nähe des Nobelpreises führen wird, vernachlässigen wir gleichzeitig das, was wir gut können und was uns Zufriedenheit gibt. Im Beruf geht das so weiter: Sie können wunderbar mit Menschen sprechen, aber ihnen Briefe zu schreiben ist jedes Mal ein mittlerer Kraftakt? Dann üben Sie schreiben? Nein! Dann telefonieren Sie. Bauen Sie Ihre Stärken aus.

Sicher, ganz uneingeschränkt stimmt das nicht. Mit einer Dauerfünf in Mathe bleibt man irgendwann möglicherweise sitzen. Also müssen diese Zahlensachen bis zu einem gewissen Grad in unseren Kopf hinein. Aber mindestens ebenso intensiv, wenn nicht intensiver sollten wir uns dem widmen, was wir gut können.

Und wer nun genau diese persönlichen Stärken tatsächlich herausfinden möchte, dem empfehlen wir die zahlreichen Tests auf der Homepage von Martin Seligman: www.authentichappiness.sas.upenn.edu/Default.aspx (diese Seite kann in mehreren Sprachen abgerufen werden, darunter auch auf Deutsch. Sollte der Link nicht funktionieren, geben Sie bitte über die Suchfunktion das Stichwort »authentic happiness« ein). Sie finden hier Fragebögen zu Ihren Signaturstärken, Ihrem Glückserleben unterteilt in allgemeines und dauerhaftes Glück, zu Emotionen, zur Entschlossenheit, zur Lebenszufriedenheit und noch etliche mehr. Um die Tests durchführen zu können, müssen Sie sich lediglich registrieren.

Wir wünschen Ihnen viel Erfolg und natürlich Glück bei Ihrem Vorhaben!

Anhang

Auflösung von S. 44:

Optimisten denken ...	Pessimisten denken ...
Er mag mich nicht.	Keiner mag mich.
Dieses Musikstück ist langweilig	Musik ist langweilig.
Ich bin intelligent.	Ich bin nur gut in Mathe.

Weiterführende Hinweise

Glück aus buddhistischer Sicht

- Thich Nhat Hanh: Die Kunst einen Baum zu umarmen. Goldmann-Verlag 1997
- Thich Nhat Hanh: Jeden Augenblick genießen. Übungen zur Achtsamkeit. Herder-Verlag 2011

(Von Thich Nhat Hanh gibt es noch eine Reihe weiterer, sehr interessanter Bücher, unter anderem auch zur buddhistischen Psychologie.)

Die beiden folgenden Bände sind entstanden aus einem Dialog zwischen dem Dalai Lama und dem amerikanischen Psychiater Howard C. Cutler:

- Dalai Lama/Howard C. Cutler: Die Regeln des Glücks. Gustav-Lübbe Verlag 2001

- Dalai Lama/Howard C. Cutler: Glücksregeln für den Alltag, Herder-Verlag 2004

Interessant sind auch die Gespräche zwischen dem Dalai Lama und dem amerikanischen Psychologen Daniel Goleman:

- Dalai Lama/Daniel Goleman: Die heilende Kraft der Gefühle. Gespräche mit dem Dalai Lama über Achtsamkeit, Emotion und Gesundheit. dtv. 2000

MBSR und Achtsamkeitsmeditation

Zwei schöne Buchtitel zur Achtsamkeit vom Gründer der »Mindfulness-Based Stress Reduction«:

- Jon Kabat-Zinn: Gesund durch Meditation: Das große Buch der Selbstheilung mit MBSR. Knaur-TB 2013
- Jon Kabat-Zinn: Achtsamkeit für Anfänger. Arbor-Verlag 2013

Kurse in MBSR

Kursangebote zur MBSR finden Sie unter anderem hier: www.mbsr-verband.org

Positive Psychologie

- Averil Leimon und Gladeana McMahon: Positive Psychologie für Dummies. Wiley-VCH-Verlag 2010

Oder etwas wissenschaftlicher:

- Martin Seligman: Der Glücks-Faktor. Warum Optimisten länger leben. Bastei-Lübbe 2014 (Neuauflage)

(Achtung: Dieses Buch ist kein Glücksratgeber, sondern eine für Laien sehr verständlich geschriebene wissenschaftliche Abhandlung.)

Wissenschaftliches zum Glück

- Stefan Klein: Die Glücksformel. Oder wie die guten Gefühle entstehen. Fischer Verlag, 2. Aufl. 2012

Glücks-Kabarett und -Buch

Einer, der sich in den letzten Jahren im deutschen Sprachraum sehr verdient gemacht hat um die Glücksforschung, ist der Kabarettist und Arzt Eckart von Hirschhausen. Sein Buch fasst die wesentlichen Erkenntnisse auf humorvolle und gut verständliche Weise zusammen.

- Eckart von Hirschhausen: Glück kommt selten allein. Rowohlt-Verlag, 10. Aufl. 2013

Auf seiner Homepage bietet er außerdem einen Gratiskurs zum Thema Glück an, und er baut dort ein Glücks-Netzwerk auf.
www.glueck-kommt-selten-allein.de
Außerdem lohnt sich ein Blick auf die Seite des Glücksarchivs www.gluecksarchiv.de.
Auch hier finden sich viele Informationen rund um das Thema.

Ihr Weg ins Glück –

Das Protokoll

Ihr persönliches Glücksprotokoll

Sie haben unser Buch gelesen und Sie möchten es zumindest mit ein paar der Tipps versuchen? Dann führen Sie doch am besten ein Vorher-Nachher-Protokoll.

Notieren Sie vor Beginn Ihres Selbstversuchs, wie glücklich Sie sich fühlen. Fragen Sie vielleicht auch noch einen Menschen aus Ihrem engsten Umfeld, wie Sie auf ihn wirken.

Dann üben Sie das Glücklicherwerden. Und protokollieren Sie in regelmäßigen Abständen Ihre »Erfolge«.

Datum: ____________________

So glücklich fühle ich mich insgesamt heute:

Und so glücklich wirke ich auf …

Das hat mich heute glücklich gemacht:

Diesen Dingen möchte ich noch mehr Raum geben:

1 Tag später:

Datum: ______________________

So glücklich fühle ich mich insgesamt heute:

Und so glücklich wirke ich auf …

Das hat mich heute glücklich gemacht:

Diesen Dingen möchte ich noch mehr Raum geben:

3 Tage später:

Datum: ______________________

So glücklich fühle ich mich insgesamt heute:

Und so glücklich wirke ich auf …

Das hat mich heute glücklich gemacht:

Diesen Dingen möchte ich noch mehr Raum geben:

1 Woche später:

Datum: ______________________

So glücklich fühle ich mich insgesamt heute:

____

____

____

____

____

Und so glücklich wirke ich auf …

____

____

____

____

____

____

Das hat mich heute glücklich gemacht:

____

____

____

____

____

Diesen Dingen möchte ich noch mehr Raum geben:

____

____

____

____

____

1 Monat später:

Datum: ______________________

So glücklich fühle ich mich insgesamt heute:

____

____

____

____

____

Und so glücklich wirke ich auf …

____

____

____

____

____

____

Das hat mich heute glücklich gemacht:

____

____

____

____

____

Diesen Dingen möchte ich noch mehr Raum geben:

____

____

____

____

____

3 Monate später:

Datum: ______________________

So glücklich fühle ich mich insgesamt heute:

Und so glücklich wirke ich auf …

Das hat mich heute glücklich gemacht:

Diesen Dingen möchte ich noch mehr Raum geben:

Wenn Sie **Interesse** an
unseren Büchern haben,

z. B. als Geschenk für Ihre Kundenbindungsprojekte,

fordern Sie unsere attraktiven Sonderkonditionen an.

Weitere Informationen erhalten Sie von

unserem Vertriebsteam unter +49 89 651285-154

oder schreiben Sie uns per E-Mail an:

vertrieb@mvg-verlag.de

mvgverlag